謹以此書獻給

我的父母親

尋找
世紀宋美齡
一個紀錄片工作者的旅程
林蔭庭 著
In Search of

為歷史留下紀錄

——出版文集、傳記、回憶錄的用心

高希均

一個時代的歷史，是由一些英雄與無數無名英雄，以血、淚、汗所共同塑造的。其中有國家命運的顛簸起伏，有社會結構的解體與重建，有經濟的停滯與飛騰，更有人間的悲歡離合。

近百年來我們中國人的歷史，正就徘徊在絕望與希望之中，毀滅與重生之中，失敗與成功之中。

沒有歷史，哪有家國？只有失敗的歷史，何來家國？

歷史是一本舊帳。但讀史的積極動機，不是在算舊帳，而是在擷取教訓，避免悲劇的重演。

歷史更可以是一本希望之帳，記錄這一代中國人半世紀以來在台灣的奮鬥與成就，鼓舞下一代，以民族自尊與驕傲，在二十一世紀開拓一個中國人的天下！

以傳播進步觀念為己任的「天下文化」，二十多年來，先後出版了實際參與台灣發展重要人士的相關著作。這些人士都是廣義的英雄，他們或有英雄的抱負，或有英雄的志業，或有英雄的功績。在發表的文集、傳記、回憶錄中，這些黨國元老、軍事將領、政治人物、婦女領袖、企業家、專家學者都以歷史見證人的角色，呈現他們的經歷軌跡與成敗得失。

書中所撰述的，我們尊重，但不一定表示認同；如果因此引起的爭論，我們同樣尊重，但也不一定表示認同。我們的態度是：以專業水準出版這些著述，不以自己的價值判斷來評論對錯。

在翻騰的歷史長河中，蓋棺也已無法論定，誰也難以掌握最後的真理。我們所希望的是，每一位人物或自己執筆、或親自口述、或經由第三者的觀察與敘述，記下他們的歷練與感受，為歷史留下一頁珍貴的紀錄。

｜序｜

另一種人物紀錄

王力行

有人說：傳記對讀者，有提供楷模學習和指引生命的作用；對傳主，有提供反思和回顧的心靈空間。

「天下文化」出版過不少人物傳記，也錯失過一些人物傳記，蔣宋美齡女士就是其中最重要的一位。

我們在蔣孝勇生前，曾多次說服他完成這件大事。他總是不慍不火地說：「我的祖母是有一定的歷史地位的；她的地位和品格早受肯定，不會因為是否公開露面，或出不出自傳，而有增減。」他認為歷史學家自會去做詮釋。

一九九五年七月二十六日，蔣夫人打破了長久以來不公開露面的慣例，赴華府美國國會演講，距她上一次的演說，是五十二年。《紐約時報》並以「蔣介石夫人重返國會」(Madame Chiang Kai-shek Returns to Congress）為大幅橫標報導這則新聞。

當時我也參與這場盛會，見到這位九十八歲高齡的長者，身著暗紅長旗袍，腰桿筆直，一步步走進Caucus Room會場，面對四百位嘉賓，第一句話是：「請原諒我坐著。」

她坐著發表演說，一字一句鏗鏘有力的純正英語，沒有停頓，沒有打結；慷慨激昂處，深情地表達著愛「我的國家——中華民國」。

蔣宋美齡之所以願意「重返國會」，是因為時值二次世界大戰結束五十週年。半個世紀以前，她曾為了中國的抗日戰爭，遠赴美國向西方世界爭取奧援。沒有蔣夫人，中國歷史可能改寫。

這位跨越三個世紀、影響中國命運的女士終究在二〇〇三年底走了，沒有留下傳記。

二年前，公共電視籌劃製作世紀人物紀錄片，要借重「天下文化」副總編輯林蔭庭的採訪寫作專長，任「世紀宋美齡」的企劃和撰稿人。

身為記者，我深知這是一次充滿了誘惑和挑戰的機會，機不可錯；蔭庭也一定是這麼思考。當她來徵詢我的意見時，我是鼓勵她的，儘管我也了解，公司少了一名大將，「社會人文系列」出書可能會受影響（事後證明果然如此）。不過，我當時答應借調有一個條件，就是將來她要完成一本紀錄書。

看過「世紀宋美齡」紀錄片的觀衆，一定對影片製作的認真和努力留下深刻印象。

這本《尋找世紀宋美齡——一個紀錄片工作者的旅程》就是蔭庭一路踏著蔣宋美齡走過的足跡，去尋找這位中國堅毅女性的點點滴滴。

儘管「天下文化」無緣出版蔣宋美齡傳，能透過蔭庭的眼、心和筆來探索，也算是另一種人物紀錄吧。

（本文作者為天下遠見出版公司發行人）

目錄

尋找世紀宋美齡

一個紀錄片工作者的旅程

｜楔子｜

是什麼樣的因緣

二〇〇三年十月二十四日上午十一點十七分，宋美齡離開人世的那一刻，我正在半個地球之外的台北市富錦公園思索著她。

這天的陽光很好，公園裡的樹木草葉綠得透亮，四下一片靜謐。「世紀宋美齡」紀錄片一週前剛在公共電視台播映完畢，我雖已完成了企劃和腳本撰寫的任務，但為了把這一路的歷程記錄成書，心緒仍縈繞著我們的女主角。寫稿的歇息時間，我來到公園小憩，腦子裡揣想著宋美齡在開羅會議台前的神采飛揚，台後的疲憊病恙；此刻，在紐約曼哈頓上東城的瑰西方場（Gracie Square）九樓，一百零六歲的宋美齡微弱的脈息停止了波動。

午餐時間，我晃到附近的一家小麵館，雞菇麵剛上桌，抬頭一看電視新聞，「前第一夫人蔣宋美齡病逝紐約」！心頭猛一震，筷子一甩，我衝出了小麵館，腦子一片空白地彷彿穿過了好多好多條街才回到家，電話和手機鈴聲已經此起彼落響個不停了。

不斷有媒體要採訪我，不只一位朋友或同業恭喜我「與上帝搶時間搶贏了」！但我卻無言以對，思緒複雜到無法整理出一句話來。

公視決定立刻重播「世紀宋美齡」，並要我們節目團隊進棚錄製特別節目「製作幕後」，休假期間被緊急召回的製作人林樂群搖頭感嘆；導演曾文珍說，初聞消息她的胃都抽搐了；執行製作彭玉麗直喊著「怎麼會這樣！怎麼會這樣！」樂群的辦公室裡，前個星期試片記者會朋友致贈的花籃，淡紫色的石槲蘭仍兀自盛開著。

過去一年半企劃、拍攝、撰稿、剪接、後製的歷程裡，我們這群工作夥伴不只一次半認真半戲言設想著女主角大去的情景，最後在片尾為她留下了無言的結局，但誰也沒有料到，就在節目播畢的幾天後，她的人生大幕就真正落下了；我們的心情還沉浸在節目的氛圍之中，她就為自己寫下了大大的The End。她的人生如戲，從第一刻到最終一刻。

聽說，二〇〇三年春天起，宋美齡即因感冒引起的肺炎而纏綿病榻，那正是「世紀宋美齡」緊鑼密鼓日夜趕著拍攝外景、撰寫腳本、剪接、配樂……的時候；我們的女主角，難道正顫顫巍巍撐持著百歲身軀等待著我們嗎？她曾不只一次對親人說：「上帝留我到今天，一定還有一些事情是我還沒有完成的，等到我做完的時候，神就會把我接到美得不得了的永生之地去。」難道，上帝留她的意旨之一，就是等待這部紀錄片的完成？

是什麼樣的因緣，讓我們這群人，不曾見過她一面，不曾觸碰過她一絲毫髮，卻在她綿長人生的最後時光裡，與她有了跨越時空的交會，為她留下了一捲生命的微縮膠片？這段歷程裡，我們因她而笑而哭而激昂而頹然，自己的生命也被淘洗了一遭。

* * *

宋美齡把中國近代史活過了一遍。她的一生，是一道從天而降的澎湃瀑布，有長度（從光緒年間到阿扁時代）；有寬度（走過中國、美國、埃及、印度、台灣）；有力度（參與外交、政治、軍事、文化、婦女工作、兒童保育）；有高度（二次大戰少有的女性世界級領袖）。再怎麼精心編撰的劇本，都比不上她真實人生裡的戲劇性張力。

二〇〇一年冬天，公視決定製作宋美齡紀錄片，邀我擔任企劃暨撰稿的工作，生性猶豫的我，未曾如此不加思考地答應一件事。十多年來，我寫政治人物，我主編近代史人物傳記，我曾參與電視紀錄片製作，突然間我覺得，過去的一切冥冥中似乎都在為這一刻預做準備，雖然艱難是可預期的。公視的孫青副總經理和製作人林樂群親自造訪我任職的天下文化出版公司，高希均總裁和王力行發行人深切瞭解這項計畫的歷史價值，慨然應允我以借調方式參與節目製作。

二〇〇二年二月國際書展，我拖回來了滿滿一只旅行箱的書籍，開始了「世紀宋美齡」的探索之旅。公視又先後網羅了導演曾文珍、執行製作彭玉麗、攝影洪以真、文稿編輯王瓊文、音樂製作鄭偉杰、攝影助理王智田，我們就這樣陸續上路了。

接下來，在宋美齡生命的最後十八個月裡，我們日日夜夜尋找著她：從她一生走過的地方尋找，從文字史料尋找，從影像資料尋找，從她的親友舊屬、學者專家尋找，從稗官野史尋找，從我們的想像尋找……。

林蔭庭

左起：王智田、洪以真、彭玉麗、曾文珍、林蔭庭，於南京。

｜幕後｜

看見宋美齡

先前對於宋美齡的印象僅止於「蔣夫人」，
一個距離遙遠、舊時代的象徵性人物。
製作完這部紀錄片之後，發現她的一生引人入勝、
高潮迭起。不論你怎麼評價她，她都是個值得了解、
影響你我命運的重要歷史人物。

製作人 

左起：曾文珍、林樂群、林蔭庭，
於衛斯理學院。

2003年，生命中三位重要的女性相繼離世：
母親、蘭妮．瑞芬斯坦、宋美齡，
她們建構了我的生命意志。
SARS、危城、慌心、旗袍裡的靈魂，
有遺憾、有讚嘆，還有只能到吳哥窟，對石頭縫訴說的心事。
勇敢向前，跟著宋美齡去流浪。

導演 曾文珍

拍攝的過程，從一張張的照片、一段段的影像紀錄中「看見」了宋美齡。用這樣的距離看她，感覺她的美、她的堅持、驕傲、榮耀與孤獨。看見了能做選擇時，她做了選擇；沒有選擇時，她選擇勇敢。我想這是最美的。

執行製作 彭玉麗

能和這麼優秀的工作夥伴一起工作，拍出這部具多重意義與價值的紀錄片，是我的幸運；而在影片播出後一個禮拜，宋美齡忽然過世，以致影片聲名大噪，一時洛陽紙貴，更是始料未及。我只能說，宋美齡是一個時代的開始，而這部紀錄片則恰好做了個結束，謝謝宋美齡，謝謝未知的命運。

攝影 洪以真

1946.1.
宣慰東北同胞
促蘇聯早日撤軍
長春
1928
婚後隨夫遷居
創國軍遺族學校
1936.12.西安事變營救蔣介石
1942.8.爭取盛世才歸順中央
中國
新疆
西安
1898 出生
1917 自美返國定居
上海
南京
1937 抗戰遷都
重慶
奉化
隨蔣介石
返鄉省親
台灣
廬山
1938 召開婦女座談會
香港
1940.2.姊妹聚首
1950.1.來台
埃及
1943.11.
出席開羅會議
緬甸
1942.3.慰勉抗日國軍
印度
1942.2.
與甘地會談
促請共同抗日

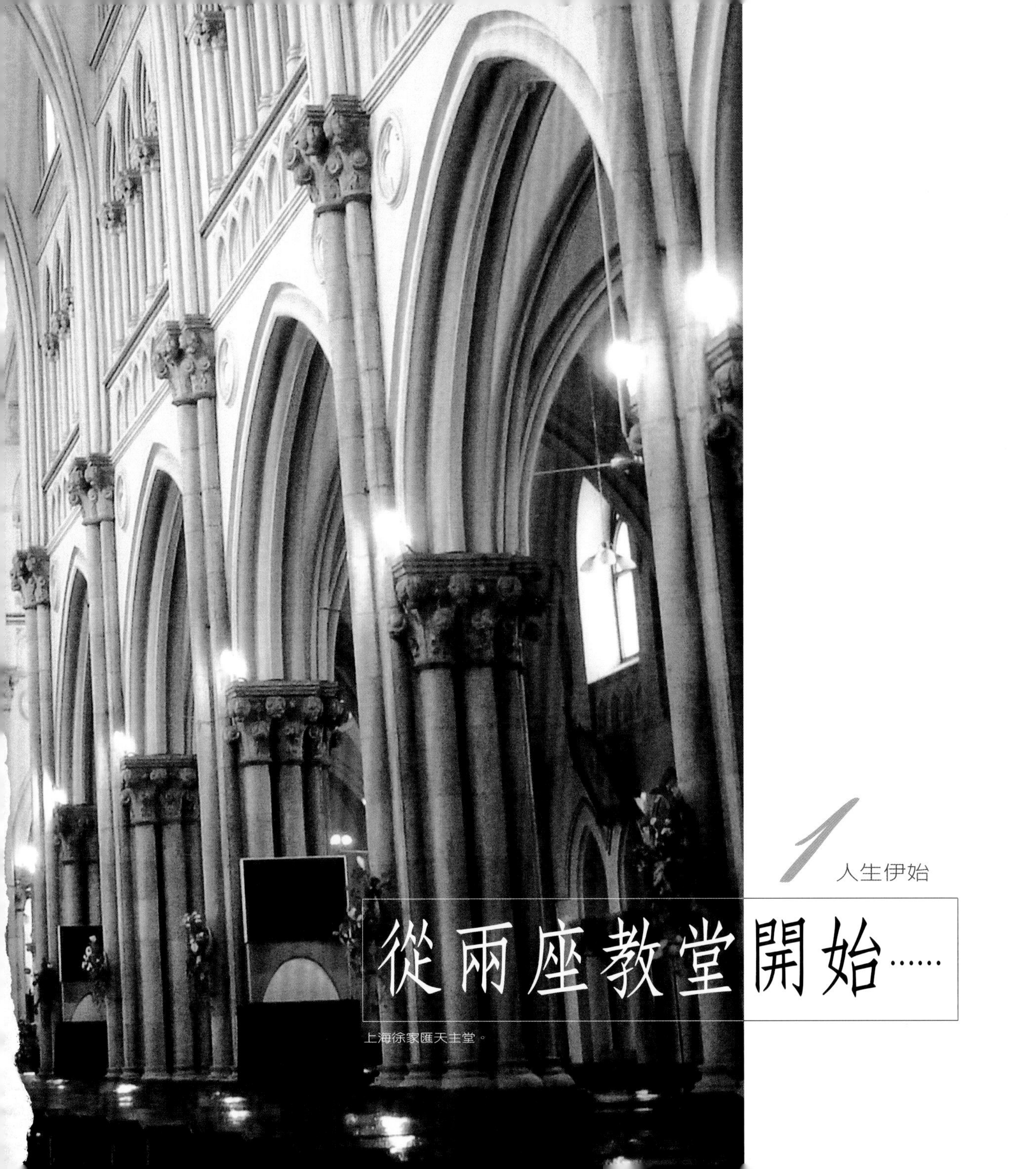

1 人生伊始

從兩座教堂開始……

上海徐家匯天主堂。

我對於最初宋美齡的瞭解，從上海的兩座教堂開始；一座關於她的家世，一座關於她的啓蒙教育。

*　　*　　*

上海規模最大、最知名的徐家匯天主堂，歌德式的建築，紅磚為牆，金山石為柱，兩座高聳的鐘樓尖頂在大樓鱗次櫛比的商業區顯得風格獨具；內堂拱形挑高的屋頂和燭光燦爛的祭壇，讓人一進門就肅然屏息。

「世紀宋美齡」的外景隊在教堂的一角看到了一幅巨型的油畫，透過彩繪玻璃窗斜射進來的陽光，照映著畫中紅色長袍、頭戴烏紗帽的明代大學士徐光啓，與一襲藍袍、碧眼白鬍的利瑪竇神父，他倆正在談論教義吧！畫中的詩句，「本無形之可擬，乃降生之遺容」，出自徐光啓所寫的＜耶穌像贊＞。

徐光啓是明代傑出的科學家，也是最早皈依天主教的中國名人，「徐家匯」即因他的家族世居於此而得名，是中國天主教發源地之一。徐光啓的女兒嫁到了倪家，倪家後裔倪桂珍就是我們的女主角宋美齡的母親。

倪家世代信奉天主教，直到倪桂珍的父親倪韞山才改信基督教。倪桂珍也是位虔誠的基督徒，在那個依然封建保守的時代，她少了許多中國舊禮教的束縛，主張男女平等，不曾纏足，彈了一手好鋼琴，畢業於上海培文女子高等學堂，熱中教會活動和慈善工作。

倪桂珍嫁給了宋耀如，他更是一位身世特殊的人物。宋耀如一八七〇年代就從故鄉海南島輾轉前往美國打工、求學，獲得神學學位；一八八六年回到上海傳教，同時開設聖經印刷廠和麵粉廠，是上海最早的買辦之一。他對於滿清政府的腐敗無能深惡痛絕，和革命黨領袖孫中山過從甚密，暗中用金錢和行動支持革命活動。宋耀如的西化背景和教育理念，對於他的六個孩子——宋藹齡、宋慶齡、宋子文、宋美齡、宋子良、宋子安——起了關鍵的形塑作用，中國近代史上赫赫有名的「宋氏家族」於焉發軔。

宋美齡誕生於一八九八年。身為倪桂珍和宋耀如的女兒，她從生命的第一分鐘起就註定與絕大多數的中國女性（以及男性）不同，接受了中西合璧的家庭教育。

倪桂珍的基督教信仰深深濡染了宋美齡，成為她一生的精神標竿，宋美齡日後曾回憶，母親經常做長時間的禱告，是她幼年生活最深刻的印象，「或許因為有這樣一個母親在我心中和宗教發生了聯繫，就使我怎樣也沒有法子把它捨棄了。」[1] 倪桂珍的性格嚴厲剛強，嚴格規範孩子的禮貌規矩，不准酗酒、賭博和跳舞；她的三個女兒，一生都梳著與母親一式的髮髻，據說就是出於母親的要求。

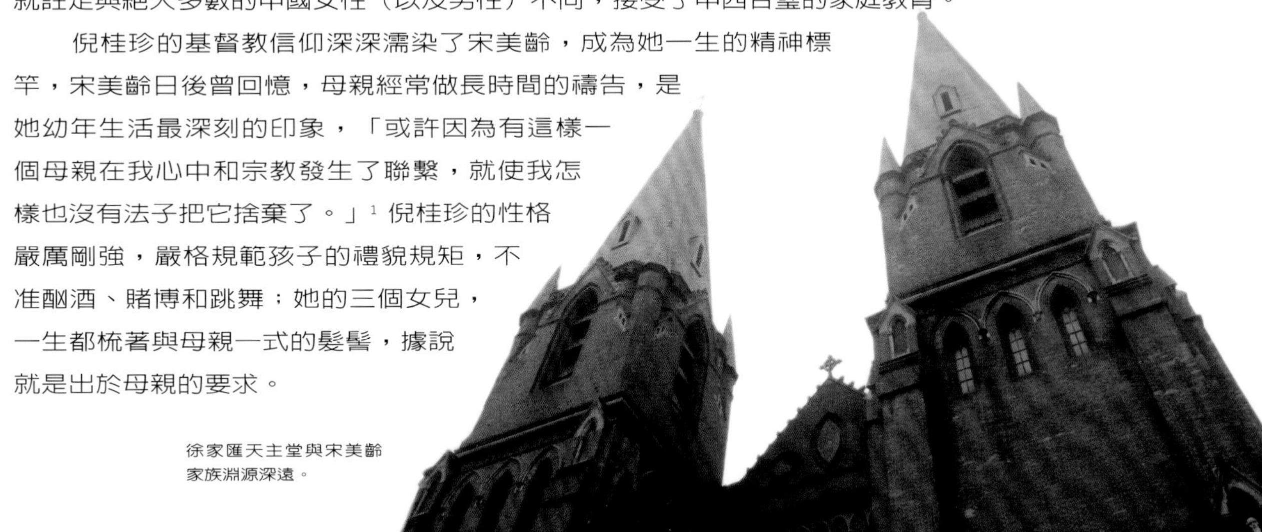

徐家匯天主堂與宋美齡家族淵源深遠。

左上圖／宋耀如。　左下圖／倪桂珍。　右圖／宋氏家族。　前排左起：宋藹齡、宋子文、宋子安、宋慶齡。
後排左起：宋子良、宋耀如、倪桂珍、宋美齡。

宋耀如則傳給了兒女們「膽大者事竟成」的性格，他自身冒險犯難的經歷，就是給孩子講故事的現成素材，他的家訓是「不計毀譽，務必占先」。宋家有一份家庭兒童報，由孩子們自己寫稿，父親負責印刷；他們還經常舉行家庭演講會，由孩子們自己上台演講。[2] 宋耀如對公衆事務的關心、對改造中國社會的企圖心，也影響了他的兒女。最重要的是，他決心讓兒女接受西方教育，將來才能站上改革中國的浪頭，這決定了宋美齡跨越東方與西方的人生。

綽號「小燈籠」。

*　*　*

位於上海西藏中路的沐恩堂，磚紅色的建築掩藏在小小的院落裡，院中植物濃密，桂花樹散放著淡淡的芬香，主樓頂端寫著「真理使爾自由」。早在一八九〇年代，這兒是上海知名的中西女塾（英文名「馬克諦耶女校」），是外國教會在中國創辦的第一所收費的女子學校，許多洋派的上海富豪將掌上明珠送來這兒念書。宋美齡和她兩個姐姐，就在中西女塾接受了啓蒙教育。

中西女塾完全採英語教學，所有課本都是英文的，甚至連中國歷史和地理教科書都是由美國人撰寫，在美國出版後再運送到中國來，並由美國老師講授。學校很重視傳授女孩們美國的生活方式和社交禮儀，宗教課程自然也是重頭戲。[3] 宋美齡七歲就進入了這所女校，那時她還長得圓滾滾的，外號「小燈籠」；可以說，她自幼即習慣以美國

沐恩堂曾是上海知名的中西女塾。

人的眼睛來觀看中國和世界，以美國作風來應對進退。

沐恩堂文革期間曾遭浩劫，所有聖堂設備、聖經和事奉用品毀損殆盡，直到一九七九年才重新修建，但如今還是如宋美齡在校時一般，由南北兩棟樓房組成。據說當年一棟樓有電燈，另一棟只有氣燈，兩棟樓之間的通道夜裡是一片漆黑，宋美齡強作勇敢地走過了通道，老師們直誇她勇敢，但到了夜裡卻頻頻做惡夢，尖聲大叫，沒多久就被父母接回家，提前結束了她的馬可締耶生涯。[4]

* * *

宋美齡的前半生，在上海留下了許多印記，「世紀宋美齡」的外景隊循線追蹤。

我們在虹口找到了據說是宋美齡出生地的樓房，如今是破敗雜亂的大雜院，內衣褲當街晾曬，但當年可是宋耀如為家人打造的時髦又講究的家園。莫里哀路的孫中山寓所，是宋美齡一九二二年與蔣介石初次相遇的歷史現場。陝西北路的老宅是他倆舉行基督教婚禮的地點。位於東平路的「愛廬」則是兄弟們送給宋美齡的陪嫁禮物，法國式的花園洋房如今成了一所音樂專科學校，屋內傳出叮咚鋼琴聲，蔣介石親題的「愛廬」兩字仍清晰地留在一塊太湖石上。位於上海西郊的萬國公墓則葬有宋美齡的父母親以及二姐宋慶齡。

千變萬化、領導時尚的旗袍，標誌著宋美齡既傳統又現代的品味；我們在上海知名的旗袍街「董家渡」認識了旗袍店老闆小季，夜裡到他的縫製工場取景。昏黃的燈光下，師傅們細緻靈巧的手勢間，亮黃、豔紅的緞料流動著；湖綠、銀白的絲線穿梭著；幾個扭轉，一枚紫色的盤扣就出現了。小季說，二〇〇一年十月APEC元首高峰會在上海舉行，與會代表穿著中國服亮相後，他們旗袍店的生意增長了好幾倍。

老上海的紅綠嫵媚撩人懷念。

外景隊也在百樂門舞廳流連了一個晚上，雖然我們並不確定宋美齡的上海歲月與這名聞遐邇的舞廳有何直接關聯，但這兒最能讓人緬懷老上海的紅綠嫵媚吧！乾冰的煙霧瀰漫，女歌手的歌聲旖旎，一名年輕英挺的男子擁著一位遲暮的貴婦，在舞池中不停旋轉著……。

夜晚，外灘的萬國博覽建築群，一幢幢歐式石砌巨樓在金色燈光的照射下，氣派非凡，川流不息的車燈在夜色裡拉出璀璨流轉的線條。宋美齡一九一七年從美國求學回國前後，這些建築陸續出現在黃浦江邊，外國銀行紛紛進駐，厚實堅穩的建材展示了列強在這片土地長久駐留的企圖，這兒正是西方勢力進入中國的剪影。

宋美齡是屬於上海的，這扇中國最早向西方敞開的窗口，這個華洋交匯、無奇不有的大千世界。還有其他地方更適宜作為她人生舞台的大場景麼？ 𝒮

她是屬於上海的。

華洋交匯的老上海。

外灘的萬國博覽建築群，是西方勢力進入中國的剪影。

捕捉今日上海。

【註釋】

1. 宋美齡，＜我的宗教觀＞，《蔣夫人宋美齡女士言論文集》，（近代中國，一九九八年），頁一至二。
2. 佟靜，《宋美齡全本（上卷）——百年豔麗》，（風雲時代，二〇〇三年），頁五五至五六。
3. 同前，頁四六至四八。
4. 劉巨才，《世紀傳奇宋美齡》，（風雲時代，二〇〇二年），頁四三。

2 韋思里安學院

最喧鬧、最會吹牛的一個

喬治亞洲梅肯鎮。

來到了美國喬治亞州的梅肯（Macon），一個古靈精怪的宋美齡蹦跳了出來：帶有「嬰兒肥」的圓臉龐，蓬蓬的紗裙，髮頂扎著大蝴蝶結，最愛從老房子的樓梯扶手滑溜而下，經常與老師同學拌嘴。十一歲到十六歲之間，宋美齡在這兒度過了小留學生生涯，美國文化滲入了她的心靈，她的英語日後也一直帶有喬治亞腔調。

梅肯是個寧謐溫馨的南方小鎮，我們看到了電影「亂世佳人」裡的景致，揮霍的大草坪，莊園式的白色建築，當美國北部各州正是蕭瑟的冬，這兒依然有著綠意。一場雨歇，陽光從雲後乍隱乍現，草原上快速變換著光影和色澤，導演文珍和攝影以真興奮地捕捉著畫面。

美齡的私人教師柏克絲。

這兒的韋思里安學院（Wesleyan College），創立於一八三六年，注重人文教育，是全世界第一所女子大學。宋美齡的大姐宋靄齡於一九〇四年入學，宋美齡於一九〇八年隨二姐宋慶齡也來到了韋思里安，起初由於年紀太小，無法正式入學，有段時間由私人教師特別授課。

許多人都知道宋美齡畢業於赫赫有名的麻州衛斯理學院（Wellesley College），卻不知她於一九一三年轉學至衛斯理之前，曾就讀於韋思里安學院；由於兩校名字相近，甚至經常被混為一談。事實上，韋思里安才是宋美齡接受美國文化孕育最初的搖籃，也是她一生深情眷戀的母校。

韋思里安是宋美齡終身眷戀的母校。

宋家三姐妹是韋思里安的傳奇，也是資產。

韋思里安學院的校舍一九二〇年代曾經遷移，目前校址已不是宋家姐妹當年讀書嬉戲之所在，但她們在新校園裡依然餘韻繚繞。我們的外景隊一抵達，校長、副校長以降的教職員紛紛出面接待，對三姐妹的重視溢於言表；他們都沒見過這三位古早年代的校友，但都能順口說出幾則傳聞軼事。年輕的凱西遲疑地問道：「美齡宋，她……還活著嗎？」他們說，中國大陸的中央電視台正在拍攝「宋慶齡傳」，外景隊不久前也才造訪過梅肯。因著三姐妹的淵源，韋思里安一直與中國關係密切。

宋家姐妹，是韋思里安學院的傳奇，也是資產。一進入學校網站，就看見「The

Soong Si sters」的專題，文章一開頭就說，要讓三姐妹的故事在韋思里安校園一代代流傳下去。

學校為三姐妹專設了展示室，典藏了她們在母校留下的文物。一幅宋美齡一九〇九年畫的水彩畫，簡單的線條勾勒出兩朵淺藍的花，老師給她的評語是very fine。啊！我發現了這本宋美齡同班同學克麗絲汀（Christine Broome）手製的紀念簿，記載著班上同學的花絮趣聞，有最漂亮的、最會打情罵俏的、人氣最旺的、最慷慨的……同學名單，啊哈！看到May Li ng So ong 了，她是班上最喧鬧的一個（n oisiest）！又是最會吹牛的一個（greatest bluff）！

滿頭灰髮、有著一雙銳利大眼睛的檔案管理員媞娜（Tena Roberts），任職韋思里安學院已經四十年了，她也是這兒的校友，她口中的宋美齡，的確就是那麼個小人精。

宋美齡在韋思里安留下年少的印記。

來自遙遠中國的小宋美齡，頑皮慧黠，像個快樂的小奶油球，是當時的校園寵兒。她曾寄住在校長安斯華滋（William Ai nsworth）

家裡，校長的女兒伊蘿絲（Eloise）與美齡年紀相仿，兩人成天形影不離，耍盡了頑童把戲。

那年代校園風氣仍相當保守，女學生們不准外出約會，只能在會客室接待男友，美齡和伊蘿絲經常在這些情侶身邊出沒，調皮促狹，一會兒指點他們該坐在哪盆植物後頭比較安全，一會兒又嚇唬他們舍監來啦！

媞娜說，宋美齡從小就伶牙俐齒，有次上歷史課，她沒有預習，卻被老師點名問起南北戰爭中有關北軍的問題，宋美齡不說自己沒準備，反而機巧地說：「很抱歉，我是堅決支持南方的，要我回答關於北軍的問題，我會很難受，我不能也不願回答！」

宋美齡很有生意頭腦，她和伊蘿絲及另一個女孩組成了「三個小傢伙」的小團體，還辦了一份報紙，每天發行五份，每份的內容都不一樣，各賣五分錢，專報導一些誰最美啦、誰最聰明啦之類的校園八卦。每日賺得的二十五分錢，足夠讓三個小傢伙買冰淇淋或花生米了。[1]

安斯華滋夫人曾撰文追憶宋美齡的韋思里安歲月。有回美齡和伊蘿絲吵嘴，講和之後美齡依然噘著嘴氣鼓鼓的，安斯華滋夫人勸她要懂得寬恕別人，並問她是否為自己的小心眼覺得羞恥，美齡眨眨眼說：「才不呢，我就喜歡這樣！」她就是這麼好強又任性。[2]

小小年紀負笈異國，宋美齡外表看來與美國社會水乳交融，內心恐怕還是難免有著認同矛盾吧。她的服裝是西式的，但料子常是中國來的。她與姐姐慶齡常趁沒有外人時，在臥室裡穿上旗袍；一旦有人進房來，她又馬上衝進大衣櫥，換上西式服飾才出來見人。[3]

遙望彼時的中國，經歷了清末的外侮內亂之後，王朝才剛覆滅，民國新近成立，絕大多數的中國女孩仍拖著髮辮、纏著小腳，走不出閨閣。而十幾歲的宋美齡，已經飄洋過海大步來到了新大陸，讀著兔子彼得（Peter Rabbit）的故事，參加學校啦啦隊活動，學習西方的風俗習慣。她和其他中國女性命運之懸殊，正有一個太平洋那麼遼闊。

一九四三年六月，宋美齡重遊韋思里安學院，這時她已是中國第一夫人，巡迴全美演說掀起了一陣風潮。她代表三姐妹接受母校頒贈的榮譽法學博士學位，真情流露地說：「仁慈的聖母啊，請揮一下妳的權杖，讓藹齡、慶齡也一起回來這兒吧！……我彷彿回到了久別的家園，見到了久違的家人，內心的興奮難以形容！」校長安斯華滋已不在人世，他的遺孀為昔日的淘氣女孩戴上了博士帽。

香港導演張婉婷執導的「宋家皇朝」（The Soong Sisters），一九九七年十一月在韋思里安學院舉行美國首映典禮，是梅肯的一大盛事。這部電影從三姐妹的角度切入宋家歷史，張婉婷說：「再也沒有一個地方比韋思里安更適合首映這部電影了。」

一九九七年，韋思里安收到了不具名人士的三筆捐款，共計六百萬美元，捐款人指明要表彰宋美齡的貢獻，以及紀念宋藹齡和宋慶齡。可想而知，這一定是來自於對韋思里安情深意重的宋氏家族。

校園寵兒。

* * *

三姐妹的故事傳誦中外。

離開了韋思里安校園，我們的外景隊在幾條街外找到了衛理公會（Mulberry Street United Methodist Church），三姐妹當年就是在這兒做禮拜的，教堂今天仍靜靜地站在小鎮的街角，夕陽餘暉中披了一身金黃。

其實，這座教堂與三姐妹的淵源可深了。當年宋耀如決心送宋藹齡到美國念書，請在中國傳教多年的好友步惠廉牧師（William Burke）推薦學校；步惠廉和梅肯的衛理公會關係密切，又與當時韋思里安的校長桂利（DuPont Guerry）熟識，於是推

小鎮教堂影響了宋氏姐妹和中國的命運。

薦了韋思里安學院，並趁返美渡假時攜宋藹齡赴美入學。[4] 就這樣，三姐妹陸續來到了梅肯，與西方世界連上了線，日後回到中國分別成為孔夫人、孫夫人和蔣夫人，牽動了半部中國近代史的發展。我們的製作人樂群不禁說：「這可是影響中國命運的一座教堂哪！」

教堂對街的草坪上，有三株不知名的樹，豔紅的葉叢暮色中有如熊熊火焰。我們笑說，這可是宋家三姐妹的幻身，將近一個世紀後，猶在梅肯小鎮熱情地守護著她們心靈的原鄉？

影響半部中國近代史的宋氏三姐妹。
左起：宋慶齡、宋藹齡、宋美齡。

【註釋】

1. 劉巨才，《世紀傳奇宋美齡》，（風雲時代，二〇〇二年），頁五三至五四。
2. 佟靜，《宋美齡全本（上卷）—— 百年豔麗》，（風雲時代，二〇〇三年），頁七〇。
3. 劉巨才，《世紀傳奇宋美齡》，（風雲時代，二〇〇二年），頁五二。
4. 林博文，《跨世紀第一夫人宋美齡》，（時報，二〇〇一年），頁五七。

麻州衛斯理學院。

衛斯理學院

追尋金羊毛

十二月中的麻州，波士頓向西約十二哩，皚皚白雪覆蓋著衛斯理學院的校園，鐘琴聲在塔尖、樹叢和冷冽的空氣間迴盪，耶誕節的氣氛已經很濃了，學生們正忙著期末考試，我們的外景隊趕來探訪這所宋美齡最知名的母校。

一九一三年，宋美齡從韋思里安學院轉學到衛斯理學院，就像從一場輕鬆溫馨的鄉村音樂會來到了高雅嚴謹的古典音樂殿堂，人生踏上了另一層台階。

這所小巧精緻的學府，是美國著名的女子大學「七姐妹」之一，成立於一八七五年，一個女性社會地位猶遠不及男性的年代。一八六一年，美國南北戰爭爆發，大批中學男教員被徵召上戰場，留下的教職必須由女性遞補，但那時少有女性具備教師資格，女子教育的需求因而大增。此外，當時縫紉機已經取代了手搖紡織機和手工紡紗桿，女性卸下了紡織重任，有了更多閒暇讀書，卻極少有為她們設立的學校。哈佛大學畢業的杜蘭（Henry Fo wle Du rant），是位酷愛文學的律師，他開風氣之先創立了衛斯理學院。草創時期，女性教授極少，杜蘭必須從中學教員中遴選人才，再送她們到男子大學進修。他的名言是：「Women can do the work, I give them the chance.」（女性絕對有能力，我負責提供她們機會。）[1]

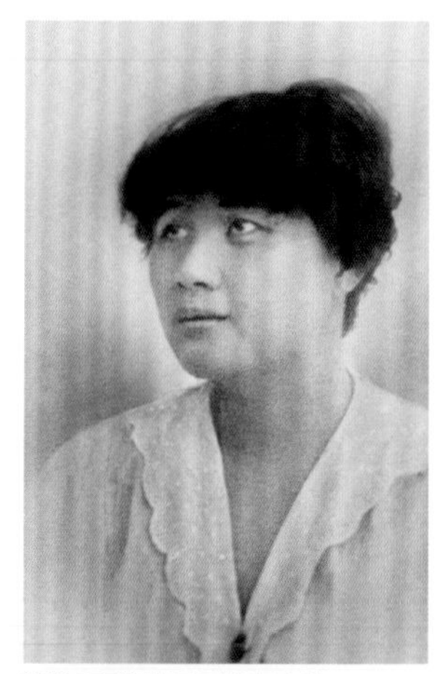
「我只有臉孔是屬於東方的！」

在那個連美國女性念大學都屬鳳毛麟角的年代，來自古老中國的宋美齡站上了浪

美國著名的女子大學「七姐妹」之一。

後排左二為宋美齡。

頭最前端。日後她曾說：「我的父母在我年幼時就送我來美國讀書，而非把這筆錢攢下來為我辦豐厚的嫁妝，這是打破了中國傳統的作法。」她指出，這是因為他們相信，受過良好教育的女性才能對中國的現代化有所貢獻。[2]

我們一行人裹著厚衣、口呵白煙，在零下的天候裡進行校區巡禮。校園裡不時響起旋律悠揚的鐘琴聲，樂群、文珍和以真扛著笨重的攝影機，爬了好高好長的迴旋樓梯，來到鐘樓頂，赫然瞧見一名黑直頭髮、紅鞋紅襪的華裔女孩，正在那兒敲著巨大的鍵盤。她是個大二學生，聽說我們來拍宋美齡紀錄片，高興地說：「我爸媽會很喜歡看的！」

宋美齡當年初到衛斯理，大約也就是鐘琴女孩的這個年紀。該校以人文教育為主，宋美齡主修英文，副修哲學，最喜愛亞瑟王（King Ar thur）傳奇中的激烈戰鬥故事。她也修習法文、歷史、天文學、植物學等等，還練小提琴和鋼琴，喜歡游泳和打網球。

一位曾與宋美齡住在同一棟宿舍的教授撰文回憶：「她具有獨立思考的能力，對任何事情都不停地苦苦思索。她總是在發問，詢問一些概念是怎麼回事，前一天她跑來問文學的定義是什麼，第二天又來問宗教的定義是什麼……她執著地追求真理，只要發現自己過去曾受到傳統的錯誤灌輸，她就懊惱不已。」[3]

宋美齡是社團Tau Zeta Epsilon的一員，有時做一些社交活動，有時大夥兒研究音樂和藝術。我們這天來到湖邊的學生遊樂中心，鋼琴旁的書架上，一本老舊的Tau Zeta Epsilon活動紀錄簿擺在那兒，順手翻開就瞥見Mayling Soong的名字，還有她歷年寄給母校的相片和信函，我們有種與女主角不期而遇的驚喜。

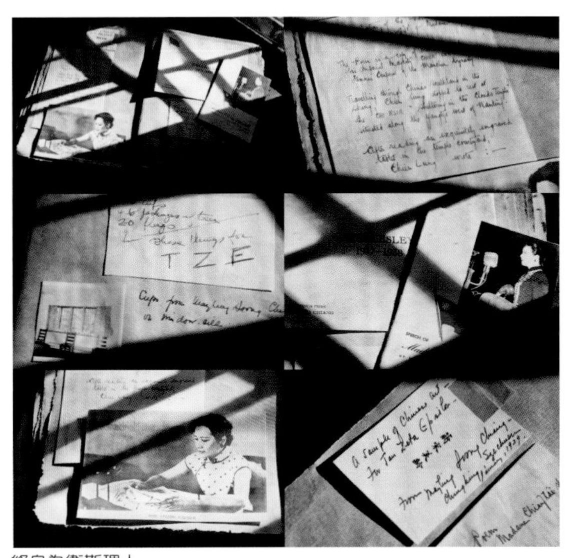

終身為衛斯理人。

衛斯理四年，宋美齡徹底浸淫在西方文化的精華中，對她一生的思想、眼界、舉止和文化素養影響深遠。她平常穿的是美國式的鞋子衣裙，有時披件色彩鮮豔的絲質襯衫或外套，多了一抹東方風味。曾有同學問：「妳真的是中國人嗎？妳講的可是道地的美國話呀！」宋美齡答得也坦率：「我只有臉孔是屬於東方的！」

在朋友眼中，宋美齡有時活潑開朗，有時也會陷入憂鬱，但絕對是個個人主義者。同學們滿喜歡她的，說她不只漂亮，也有股熱情真誠，煥發出一股內在的能量。

宋美齡的哥哥宋子文當時在附近的哈佛大學念書，她在哈佛的中國留學生圈子裡鋒頭頗健，經常有中國男子在她宿舍門口的石階上「站崗」。根據衛斯理提供的資料，宋美齡曾經因為擔心家裡包辦她的婚姻，自己在美國與人訂了婚，但婚事後來告吹。而許多資料顯示，這位與她有過短暫緣分的男子，是日後曾擔任南京市長的劉紀文。[4]

宋美齡大四那年住的宿舍，今天仍在，我們的拍攝小組進到了宿舍大廳，頓時為那豪宅般的格局擺設所驚懾，猩紅色的落地絲絨窗簾，巨型的水晶吊燈，原來早在八十年前，宋美齡就已體嘗了這般貴氣派頭！

*　　*　　*

衛斯理學院檔案室收藏了大批與宋美齡有關的剪報、著作、講稿、相片、信函、影帶、唱片等等，典藏之豐富，管理之井井有條，是我們在台灣與中國大陸所未見。我必須簽署一份查閱檔案的申請書，保證遵守版權規則，同時也可以要求校方不得對外透露我的研究主題。在這兒，我遇見了專業訓練令人歎為觀止的的檔案管理員威瑪(Wilma R. Slaight)，見識到了這所學府的一流素質。

威瑪耳上總是夾著一支鉛筆，說起話來有些靦覥甚至會臉紅，但維護起她的寶貝檔案卻是毫不留情。由於事前已做好聯繫，我一抵達檔案室，她立即用推車把我調閱的資料推了出來；翻閱資料時，我必須戴上手套，只能使用鉛筆，以免沾污文件，每一頁看完就得立刻歸位；書本必須穩穩地放在桌上看，不能捧在膝頭，深怕一個閃失掉落地上。我們翻拍書的內頁時，威瑪不讓我們把書攤開到一百八十度，必須用一付四十五度的看書架撐著，以免傷害書脊的縫線。翻拍相片時，她擔心我們襯底的黑色絨布沾有毛屑，會污染相片，要求我們先清除絨布。威瑪對我的研究主題非常熟稔，任何疑問都有辦法作答；比如說，我看到一封宋美齡寫給某位女士的信，威瑪立刻從校友名單查出那是某位同學的母親。

我在檔案中發現了一篇宋美齡的英文作品——*The Wife of Chuang Chow*（莊周的妻子），一九四三年十二月發表於*The American*雜誌，據稱是她生平第一篇短篇小說創作：

某日莊周在山上遇見一位年輕婦人，身穿孝服，坐在一座新墳旁，手持一把大扇子猛力搧著墳堆。她對莊周說，她的丈夫剛過世不久，丈夫在世時，夫妻倆曾相互許諾，如果一人先逝，另一人在墳土未乾之時絕不再論及婚嫁；如今丈夫既已撒手西歸，她希望墳土早乾，所以迫不及待拿了把大扇子猛搧。莊周回家後，對妻子田氏慨嘆這件事情，田氏激動地說：「忠臣不事二主，烈女不事二夫，我絕對不會像她這樣！」莊周卻說：「很難講呀！」

學生宿舍的貴族氣派。

未幾，莊周病逝了，田氏遵禮披麻守孝。這時，來了位年輕秀才悼祭莊周，田氏一看到這位高大俊美、文質彬彬的男子，立即墜入了情網，且主動示愛，兩人不久就行禮完婚。新婚之夜，新郎突然心臟病發，痛苦不已，僕人告訴田氏，只有一種藥方才救得了他──將新逝之人的腦子泡在酒裡，讓他服用。田氏想起了還躺在棺木裡的亡夫，拿斧頭劈開了棺木；不料，一聲嘆息傳出，莊周居然復活了，田氏驚嚇不已。故事的尾聲，作者告訴我們，原來秀才是莊周的化身，特地前來測試妻子對他的忠貞，最後田氏以自盡結束了生命。

這樣的一篇小說，與我過去所熟悉的莊周在妻子死後鼓盆而歌非常不同，但宋美齡刻劃出了女性在情慾和傳統禮教之間的矛盾掙扎，蘊藏著澎湃熱情和激烈衝突，這股力道讓我驚異不已。

* * *

聖若望大學亞洲研究所教授李又寧，專研美國的中國留學生史，她指出，宋美齡是幸運的，經過衛斯理四年的洗禮，一舉躋身為美國社會「菁英中的菁英」。而二十世紀是美國最輝煌的世紀，留美則是中國知識份子的主流，許多留美學生歸國後成為中國現代化的領航者，宋美齡就是進入了這道主流。

資深外交官陸以正，一九六〇年代曾經擔任宋美齡訪美時的新聞官，他回憶說，宋美齡的演講稿都是她親筆撰寫的，絕不容許錯一個字，「她受的古典教育，底子都是在衛斯理打下的，它教的不是今天學校裡許多浮浮泛泛的東西，而是真正基本的東西。」

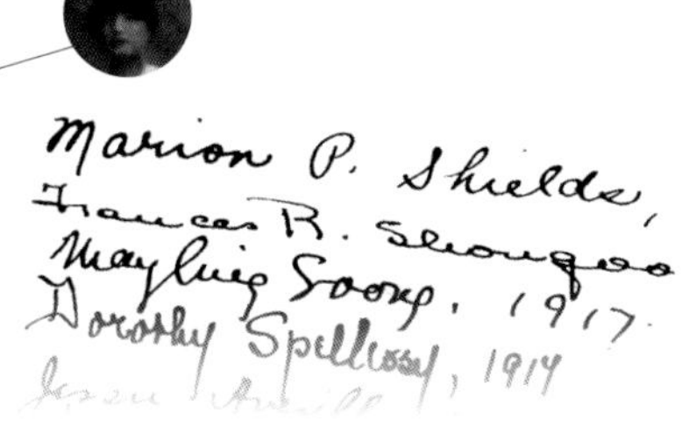

經歷衛斯理四年的洗禮，躋身為美國社會「菁英中的菁英」。

宋美齡於一九一七年畢業，獲得了「杜蘭學者」的稱號，這是衛斯理的最高榮譽。

畢業紀念冊上，宋美齡和同學們自比為希臘神話中的冒險英雄，歷盡艱難航海到世界盡頭尋找稀世的金羊毛：「我們每個人都有金羊毛待尋，但在完成目標之前，必須橫渡驚濤駭浪，必須與惡龍搏鬥。」

衛斯理是宋美齡西方之旅最重要的驛站，她在這兒找到了她的金羊毛，汲取了西方文化的精髓，進入了美國社會金字塔的尖頂，對她一生裨益深遠。

我們來訪之際，衛斯理正在慶祝一百二十五週年校慶，頒發傑出校友獎，校園裡四處懸掛著藍、黃、紅色的旗幟，寫著「women who will make a difference in the world」（能夠影響世界的女性），這是對傑出校友的禮讚，也是對在校學生的期許。

宋美齡成為中國與美國菁英女性之間的橋樑。
（圖為宋美齡一九四三年訪問母校。）

衛斯理的公關主任奚爾（Mary Ann Hill）告訴我們，宋美齡是該校三大知名校友之一，與她並列的有前美國第一夫人希拉蕊（Hilary Clinton），以及前美國國務卿歐布萊特（Madeline Albright）。

自從宋美齡成為中國第一夫人、受到國際矚目之後，美國媒體最愛強調的就是她的衛斯理血統，對她的稱呼常是「the Wellesley educated Madame Chiang」（衛斯理出身的蔣夫人）；美國人民認為她是自家所孕育，也相信她最能欣賞和崇尚美國文化。衛斯理學院出了這位知名校友，錦上添花，自然也成為宋美齡最忠實堅強的擁護者。至於宋美齡本人，也善於運用她與母校的臍帶關係，為中國爭取實質和精神奧援，強化中國領導人與美國菁英女性之間的聯繫。

一九四二年六月十三日，衛斯理舉行大型校友會，遠在戰時中國首都重慶的宋美齡，透過哥倫比亞廣播公司向與會校友發表談話，呼籲支持中國抗日；當天全美各地的衛斯理校友俱樂部也同步收聽她的談話。校長馬克菲（Mildred H. Mc Afee）透過廣播，對宋美齡發表回應談話。就這樣，透過電波，透過衛斯理，宋美齡為二次大戰的中美盟邦又一次牽上了線。

「一個人念的大學，比她穿的皮草、戴的珠寶更重要。衣服今天穿這一件，明天可以換另一件；可是念哪個學校，是一輩子跟著她走的。」李又寧點出了衛斯理對宋美齡一生的重要性。

我們的拍攝小組，黃昏時分驅車離開了衛斯理；公路盡頭是橘紅色的天際，耶誕歌曲流瀉車內。宋美齡在這兒尋得了她的金羊毛；我們呢，尋得了她的青春記事。 𝒮

宋美齡西方之旅最重要的驛站。

【註釋】

1. 李又寧，＜蔣夫人在美國衛斯理女子學院＞，《蔣夫人宋美齡女士與近代中國學術討論集》，（中正文教基金會，二〇〇〇年），頁九一。
2. 一九四二年，宋美齡於衛斯理學院成立「宋美齡基金會」，旨在促進東西方文化交流，這段話出自她當時的一篇短文，後收入該校宋美齡檔案。
3. 衛斯理學院一九四三年二月新聞稿。
4. 同前。

4 西安事變

力挽狂瀾

西安事變遺址，新城黃樓。

二〇〇三年初春的西安，金家巷的張學良舊時公館，突然湧進大批軍車與部隊，定睛一看，軍用吉普車上居然掛有青天白日滿地紅的旗幟以及青天白日徽；軍人們有的穿著畢挺的國軍制服，有的則是一身襤褸的八路軍服；步槍、軍鞋、軍帽鋪滿了地面。

這一切出現在二十一世紀初的中華人民共和國，令人錯愕不已！原來是中央電視台正在為電視劇「延安頌」拍攝外景，國共內戰的情景在此重現也。

張學良公館的另一頭，我們「世紀宋美齡」的拍攝小組也在獵取鏡頭──這裡是西安事變舊址之一，一九三六年事件發生時擔任西北剿匪副總司令的張學良在此辦公和居住，如今已改建為「西安事變紀念館」。

海峽兩岸的電視工作團隊，不同的成長背景、不同的口音、不同的歷史觀點，這一刻同時來到了這兒，捕捉同一個大時代的歷史場景。望著扮演國共兩軍的演員，大呼小叫調度場面的工作人員，我頓時產生一種時空人事交錯的恍惚感。

西安事變扭轉了中國歷史走向。

西安事變，那個時代的一個重大轉折點，國共兩黨的歷史評價截然不同，卻一致肯定宋美齡促成事件和平落幕的角色。為了還原當年情境，我們的外景隊循著事變各場址走了一遭。

* * *

一九一七年，宋美齡結束十年留美生涯，回到了上海。當時史頁已翻過滿清帝國，進入了中華民國；她的大姐宋靄齡嫁給了山西豪門之後孔祥熙，二姐宋慶齡則鬧了一場家庭革命，私奔日本委身於父親的好友孫中山。飽受西方文化洗禮的宋美齡，回國後跟著一位老學究補習中文，學習重新融入母國社會，同時也活躍於上流階層的社交圈。

一九二二年冬天，在上海莫里哀路的孫中山寓所，宋美齡和蔣介石初次相遇。這時的蔣介石正如旭日東昇，在連年戰亂的中國逐漸掌握了軍權；他對宋家三小姐一見傾心，展開了熱烈的追求行動。

蔣介石不是基督徒，先前又有過好幾次婚

蔣介石克服萬難迎娶了宋家三小姐。

張學良質疑蔣介石的「剿共先於抗日」。

配紀錄，浙江奉化老家有元配毛福梅，生了長子蔣經國；另有側室姚冶誠；一九二一年又在上海娶了陳潔如，宋美齡的母親起初堅決反對女兒與他交往。經過長達五年的努力，蔣介石向宋母提出他和毛福梅離婚的證明，並且答應認真研讀《聖經》，終於在一九二七年十二月一日迎娶了宋美齡。

婚後，宋美齡伴隨夫婿繼續北伐，與各地軍閥作戰。一九二八年六月，稱霸東北的軍閥張作霖被日本人炸死，兒子張學良繼承了父業。這年十二月，張學良宣布易幟，效忠南京國民政府，蔣介石形式上統一了全中國，但實際上依然面臨共產黨的挑戰，以及日本軍國主義的步步進逼。

一九三一年九一八事變，東三省淪陷於日軍之手，日本侵華行動愈演愈烈，中國人民反日情緒澎湃，示威活動不斷，要求早日對日本宣戰；但是，蔣介石堅持「攘外必先安內」，抗日之前應該先剷除國內的共產黨勢力。

一九三五年秋天，蔣介石設立了西北剿匪總司令部，親自出任總司令，任命張學良為副總司令，負責中國西北的剿共任務，張學良率領了東北軍駐紮西安。他們和共軍作戰幾次失利後，士氣受挫，加上難忘東北家鄉淪陷的恥辱，反日情緒激昂，急著要抗日復仇；同時共產黨也主動和東北軍接近，要求化敵為友，一致對外抗日，張學良對蔣介石剿共先於抗日的策略，產生了強烈質疑。

一九三六年四月，張學良和中共代表周恩來祕密會晤，雙方決定「聯蔣抗日」。張學良屢次勸諫蔣介石改弦易轍，沒有得到採納。這年十二月蔣介石赴西安召開軍事會議時，張學良和西北軍首領楊虎城商量決定聯手發動兵變，以迫使蔣介石停止剿共，轉為積極抗日。

楊虎城

臨潼華清池，古來以貴妃入浴而聞名，白居易有詩云：「春寒賜浴華清池，溫泉水滑洗凝脂」，卻是蔣介石蒙難蒙羞的傷心地。一九三六年十二月十二日清晨，西安事變在這兒響起了第一槍，蔣介石睡夢中被驚醒，赤著雙腳、穿著睡袍，倉皇從窗口逃脫。

張學良（左）決定兵變，迫使蔣介石（右）積極抗日。

蔣介石的行館「五間廳」，是一排紅柱灰瓦的中國式建築，如今已成了旅遊景點，刻意維護下，當年激烈槍戰留在牆壁和門窗上的彈痕仍然清晰可見；舉著小旗子的導遊，活靈活現地形容著當時的驚險：張學良的手下衝進蔣介石的臥室，手摸被褥還是溫的，知道他逃離不遠，立刻追了出去。至於蔣介石當時睡的是左邊還是右邊哪張床？是從左邊還是右邊哪扇窗跳出去？導遊們就各說各話了。

蔣介石危急中逃跑上了華清池後頭的驪山，躲在一塊巨石下的山夾縫裡，如今這兒遊客川流不息，山夾縫兩側甚至裝上了鐵鍊，供遊客攀爬而上，一窺當年蔣委員長藏身之處，以及那塊幫他擋了槍彈的「保命石」，昔日布滿荊棘和樹叢的山壁，已被萬千遊客抓爬得一片光滑。我站在山壁腳下，抬頭望著一波波遊客七手八腳、嘻笑聲不斷地進行著「攀岩」遊戲，揣想蔣介石當年的慌張狼狽，再想想我從小在台灣所認識的「總統　蔣公」，兩者間巨大的落差直教我無言。

事變平息後，國民黨在山腳蓋了一座紀念亭，名為「民族復興亭」，後來中共改名為「捉蔣亭」，如今又改為意涵較為中性的「兵諫亭」，可見國共雙方對這段歷史的詮釋有天壤之別。山壁上原本刻有陳誠、胡宗南、陳立夫等國民黨人的題字，如「正氣浩然」、「中外共仰」、「鐵壁金甌」等，後來被中共整塊剖去，近年又為了「再現歷史」而重新鐫刻，還豎立了一塊「恢複石刻說明」；這些政權更替間的曲折反覆，真讓人見識到了歷史的嘲弄。

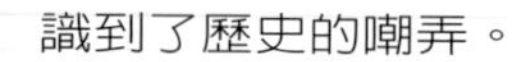

槍戰遺痕。

蔣介石被俘後，先軟禁在事變的總指揮部新城黃樓，再移至東北軍第八十四師師長高桂滋的公館，離張學良公館只有一街之遙。張學良和楊虎城公開呼籲改組南京政府、停止內戰、立即釋放在上海被捕之救國聯合會份子七人、釋放一切政治犯、保障言論出版集會自由、開放民眾愛國運動、實行總理遺囑、召開救國會議等。

*　　*　　*

蔣介石被劫持的消息，震驚海內外，當時宋美齡正在上海開

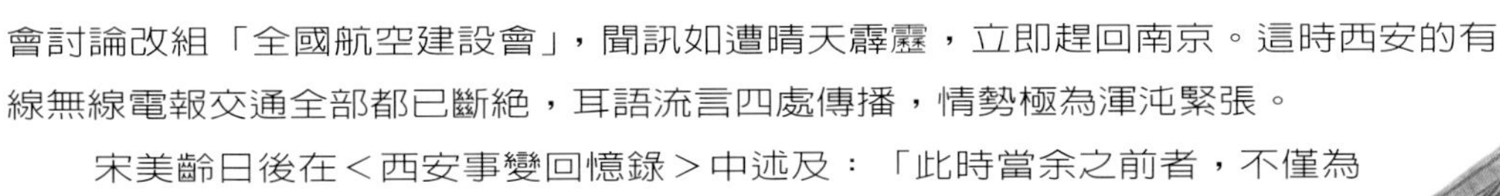

會討論改組「全國航空建設會」，聞訊如遭晴天霹靂，立即趕回南京。這時西安的有線無線電報交通全部都已斷絕，耳語流言四處傳播，情勢極為渾沌緊張。

宋美齡日後在＜西安事變回憶錄＞中述及：「此時當余之前者，不僅為余夫一人生死之關係，實關係全民族最重大之問題，其變化易受熱情與狂想之激盪，而余本人復繫有嚴重個人利害。第一念襲我心頭，余為婦人，世人必以為婦人當此境遇，必不能再作理智之探討，故余必力抑個人情感，就全局加以考量。」

著有《百年宋美齡》的浙江大學歷史系教授楊樹標指出：「宋美齡為西安事變和平解決所做的，可以歸納成三句話：穩住南京政局，溝通寧陝對話，親赴西安救駕。」

國民政府中有一派極力主張轟炸西安，用武力討伐張學良和楊虎城，以軍政部部長何應欽為代表。但宋美齡認為，這種作法極可能犧牲蔣介石，更嚴重影響中國政局的安定，反而給了虎視眈眈的日本侵華的機會，因此她主張以不流血的和平方式儘速解決，孔宋家族成員也採取這種看法。同時，宋美齡自始即認為西安事變與史上稱兵作亂的叛變不同，相信張學良並非有意加害蔣介石，只是出於對政局的不滿和一時衝動，她決定力勸他懸崖勒馬。

宋美齡先請宋子文以及曾經擔任張學良顧問的澳洲籍

紀念亭看盡政權興衰更替。

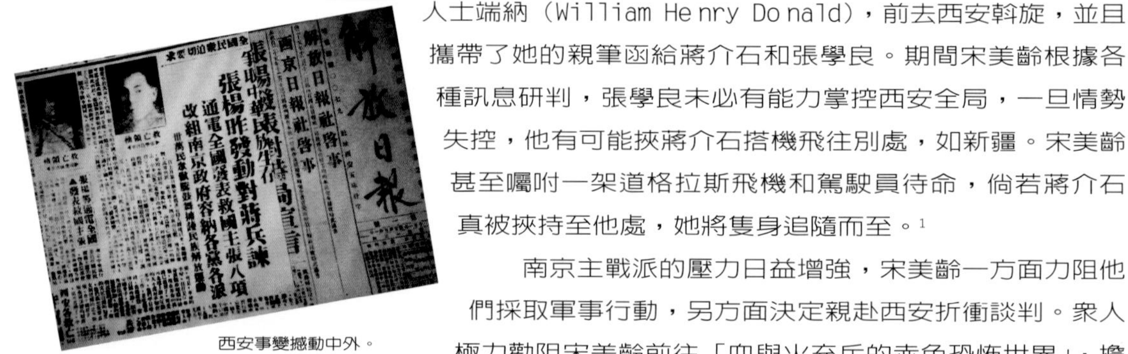
解放日報

解放日報社啓事

西京日報社啓事

張楊發表對時局宣言

張楊昨發動對蔣兵諫

通電全國發表救國主張八項

改組南京政府容納各黨各派

全國民衆迫切要求

救亡領袖

救亡領袖

西安事變撼動中外。

人士端納（William Henry Donald），前去西安斡旋，並且攜帶了她的親筆函給蔣介石和張學良。期間宋美齡根據各種訊息研判，張學良未必有能力掌控西安全局，一旦情勢失控，他有可能挾蔣介石搭機飛往別處，如新疆。宋美齡甚至囑咐一架道格拉斯飛機和駕駛員待命，倘若蔣介石真被挾持至他處，她將隻身追隨而至。[1]

南京主戰派的壓力日益增強，宋美齡一方面力阻他們採取軍事行動，另方面決定親赴西安折衝談判。衆人極力勸阻宋美齡前往「血與火充斥的赤色恐怖世界」，擔心她不但見不到蔣介石，甚至自己也可能淪為人質，徒然讓叛軍又多一項談判籌碼；也有人認為，「彼一婦人耳，僅知營救丈夫而已」。對此宋美齡表示，「余雖為婦人，然余發言，絕非為營救丈夫之私意。倘委員長之死，果足為國家造福，則余必首先勸其犧牲……。」[2]

十二月二十二日，宋美齡在宋子文和端納的陪同下，搭機前往西安。她在＜西安事變回憶錄＞中寫道：「余登機前，已熟聞各方危險之警告，即余本身，亦詳悉西安城中軍隊之性質。但余啓行時，神智清明，鎮定堅決，絕無怯意。」然而飛機臨近西安時，她仍不免忐忑不安，遙望蔣介石被劫的臨潼，更是「萬念蝟集，悵觸若狂」；飛機降落前，宋美齡交給端納一把手槍，交代說，如果到時軍隊鼓譟失控，務必開槍殺了她，絕勿遲疑，以免她受辱。

飛機著陸，張學良登機相迎，宋美齡力持常態，下飛機時以不經意的口吻請張學良吩咐手下不要搜查她的行李，以免弄亂了不好整理；張學良聞言悚然而說：「夫人何言，余安敢出此！」接著楊虎城抵達，宋美齡也坦然與他握手。一行人先到張學良寓所，張問宋美齡是否立刻要見蔣介石，宋美齡說先喝杯茶吧，藉此讓張學良知道，她相信他是個值得信賴的君子，必能保障她的安全。而蔣介石被囚處就在一街之外，禁衛森嚴，攜機關槍的守衛來回巡邏著。

宋美齡不顧眾人勸阻，親赴西安營救夫婿。

* * *

蔣氏與張氏夫婦原是通家之好，西安事變改變了一切。
（左五：張學良，左六：張學良妻子于鳳至，右三：宋美齡，右二：蔣介石，右一：楊虎城）

軟禁中的蔣介石見到了妻子，驚呼「余妻來耶？君入虎穴矣！」不禁潸然淚下。那天早晨他讀《聖經》，正巧讀到「耶和華要做一件新事，即以女子護衛男子也」，想不到妻子真的趕來援救他。

接下來宋美齡展開了與張學良和楊虎城的周折斡旋；這時周恩來等人也應張學良之邀，從延安來到了西安，並轉達了莫斯科方面希望能釋放蔣介石的指示。

過去國共鬥爭時期，中共對於宋美齡在西安事變中的角色經常隱而不提；國民黨方面也避諱談論宋美齡、蔣介石與周恩來的接觸談判，譬如，蔣介石的《西安半月記》對此隻字不提，宋美齡的＜西安事變回憶錄＞也只說及與「一參加西安組織中之有力份子」晤面。如今隨著時代開放，史料解密，宋美齡在西安事變裡的真實角色逐漸清晰起來。

中國社科院近史所研究員楊天石表示，根據周恩來對中共中央所做的回報，以及台灣方面已開放的蔣介石日記摘抄《困勉記》，宋美齡在西安事變的和平解決過程中確實起了重要的作用。她和張學良、楊虎城、周恩來談判時明確表示，不能夠再剿共了，國內的政治問題應該以政治方式解決。

楊天石指出，蔣介石被俘後起初和張學良「頂牛」頂得很厲害，堅拒他提出的任何條件；但宋美齡到了西安後，蔣介石的態度有了一百八十度的變化，表示可以改組國民政府；可以改組國民黨；可以釋放舊國會的七君子；也可以停止剿共、共同抗日。楊天石推測，這與宋美齡對蔣介石的勸說應該很有關係。而且，蔣介石原來是不肯見周恩來的，他把和周恩來談判的任務交給了宋子文和宋美齡；蔣介石後來見了周恩來兩次，

梅干菜鐵罐。

是宋美齡引見的結果。

張學良公館二樓的客廳，今天仍保留了宋美齡和宋子文代表蔣介石，與張學良、楊虎城以及中共代表舉行三方會談的擺設。西安事變紀念館裡，許多相片文物見證著事變始末；其中一只已經鏽黃的鐵罐子，當時裝著宋美齡為蔣介石遠道攜來的家鄉口味梅干菜。

宋美齡在西安期間，局勢瞬息萬變，氣氛極為緊張，即便張學良和楊虎城之間，對於如何處置蔣介石意見也未必一致。宋美齡和宋子文惟一可以暫時鬆弛神經的就是在積雪的院子裡散步；院中日夜都有荷槍實彈的衛兵巡邏，院牆之外更有大隊守兵，宋氏兄妹頻頻繞院而行，守衛們非常警戒，有時聽到他倆縱聲大笑，更是緊張，其實，他們只是藉此紓解緊張空氣之壓迫罷了。[3]

蔣介石在十二月二十三日的日記中寫道，宋美齡慨嘆，一九二二年陳炯明叛變時，總理孫中山有學生蔣介石前往營救，如今蔣介石自己遭劫，際遇卻不如孫中山。蔣介石則表示：「夫妻共生死，豈不比師生共患難為尤難得乎？」[4]

一九三六年耶誕節，張學良終於和楊虎城達成共識，釋放蔣介石，由張學良親自護送回南京。那天晚上整個南京城都瘋狂了，所有照明彈和爆竹都放光了。[5] 這次事件讓蔣介石的民間聲望攀上了高點，燕京大學創辦人、曾任美國駐華大使的司徒雷登(John Leighton Stuart)指出，這是在一個不民主的中國，第一次有了一次全民投票，蔣介石是在西安事變以後才成了一位全民領袖。

左圖/三方會談場址。
右圖/張學良公館外觀。

然而，就長遠來說，西安事變扭轉了國共兩黨的命運。事變發生之前，國民黨經過五年的安內行動，已經把中共趕到了中國西南山區，共黨勢力奄奄一息；西安事變改變了蔣介石「安內先於攘外」的政策，停止剿共，槍口一致對外，給了共產黨絕處逢生的機會，成了國民黨和共產黨勢力消長的分水嶺。因此，國共兩黨對於事件的歷史評價南轅北轍；國民黨譴責張學良，中共則推崇他為千古功臣。

CAPTIVE CHIANG ALMOST WEPT AS HE SAW HIS WIFE

ARTICLE IX

CHIANG'S RETURN TO THE CAPITAL OF CHINA

國際媒體矚目。

國民黨視之為罪人，共產黨尊之為功臣。

儘管如此，國共雙方對於宋美齡促成西安事變和平解決的關鍵角色，則是一致認同。

中國社科院近史所研究員楊天石明白點出：「宋美齡在西安事變的作用，可以用四個字來形容，就是『力挽狂瀾』。」

而西安事變也讓宋美齡躍上了國際媒體，開始為西方世界所熟悉，一份美國刊物指出：「中國瀕臨內戰邊緣，但一位女性挽回了局勢，這個女人就是蔣中正夫人……這是歷史的轉捩點。」[6]

*　*　*

張學良護送蔣介石回南京後，餘生五十多年皆處於幽禁狀態，直到一九九〇年代才恢復了行動自由。「世紀宋美齡」的外景隊，細雨霏霏中來到蔣介石故鄉浙江奉化溪口雪竇山的中國旅行社招待所，這兒環境隱密幽靜，陳設簡單，是張學良被拘禁的第一站，他當時的紅粉知己趙四小姐，以祕書身分前來相伴。曾在中國近代史上掀起萬丈風雲的張少帥，那時候一定想不到，他長達生半世紀的幽居生涯，這兒才只是個開端。

張少帥在浙江奉化溪口的中國旅行社招待所，開始了半世紀的幽居生涯。

該如何處置張學良，宋美齡與蔣介石的態度並不相同。蔣介石曾在日記中記載，宋子文認為不應該把張學良關起來，宋美齡也持相同態度。宋氏兄妹當初在西安想必曾對張學良有過承諾，保證既往不咎，所以他倆後來都覺得對張學良有愧。[7]

張學良一九九三年接受「世紀行過」紀錄片訪談，親口證實了宋美齡對他的維護：「我的沒死，完全是蔣夫人幫我，蔣先生是要把我槍斃的。」

究竟當初宋美齡與張學良在西安談判的內情如何？雙方有哪些交換條件？張學良於二〇〇一年去世，這個歷史謎團，即便他身後公開的口述歷史都沒有提供解答。

資深新聞記者陸鏗，曾在張學良生前問他，為何始終不願揭露西安事變的內情？張學良默不作聲。心直口快的陸鏗接著說：「根據我的觀察，是不是因為考慮蔣夫人的關係？蔣夫人曾經公開說『我們對不起漢卿』，當然你有所感動，所以在她有生之年你就不願意把這個真相說出來，以免造成蔣夫人的不愉快。我這個看法對不對？」張學良依然不作聲，只用手拍拍陸鏗的大腿，默認了。

* * *

張學良晚年將日記和口述歷史捐贈給美國哥倫比亞大學巴特勒圖書館的「善本與手稿圖書室」(Rare Books and Manuscripts Collection)，直到他身後的二〇〇二年六月才公開，「世紀宋美齡」的拍攝小組走訪了這所名聞遐邇的圖書館。

占地不大的圖書室內，有一間特地為張學良、趙一荻夫婦闢出的「毅荻書齋」，展出他們的手稿、書信、相片等，還有一盞宋美齡送給張學良的馬車鐘，車棚是盞檯燈。我翻閱館內收藏的一百多封張學良和宋美齡的往來書信，體會到了他倆跨越時空與政治恩怨的深遠情誼。

其中一封一九四六年十一月十五日宋美齡寫給張學良的英文信，最是令我動容。當時宋美齡與張學良共同的友人、西安事變中參與斡旋的關鍵人物端納病逝上海，她特地寫了這封長達四頁的信給幽禁中的張學良，既有真情流露，也有囿於政治現實的無奈：

八日上午，我搭機赴上海，十二點左右抵達，立刻到醫院探望他，當時他神智很清楚。醫生和護士告訴我，端納聽說我要來，不停問什麼時候來，每當走廊裡響起腳步聲或講話聲，他都以為是我來了。……「夫人，我的情況很糟。」我說：「胡說，放輕鬆，你會好起來的。」他似乎就平靜了下來。

……

我告訴他近來瑣事，提起他以前說過的笑話，你也記得的──「一個女人和一個士兵的差別在哪裡？」「女人在臉面上搽粉（powders the face），士兵面對著火藥(faces the powder)。」他哈哈大笑。……

但是，眼看他不停地喘息呻吟，我實在非常痛苦。我為他讀了＜詩篇＞第二十三和第九十六篇。

……

我如此不厭其詳地告訴你端納的最後時日，因為我知道你會想知道。不只是中國失去了一位堅強真實的友人，你和我也失去了一位摯愛的朋友。

杜馬醫生和護士都告訴我，端納一直惦記著你和我，他覺得我們比他的家人更親，總是提到我們兩人。我和他在一起時，他經常說起你，總是說，「這年輕人有很多優點。」

……

我希望能很快再見到你，因為這些年來已經發生了好多事情。打起精神！我想情況已經好轉了。

端納原為澳州新聞記者，辛亥革命前來華，先後擔任孫中山、張學良以及蔣介石夫婦的顧問。西安事變發生後，端納銜宋美齡之命飛往西安，勸說張學良，探視蔣介石，幾度冒險往來於西安、洛陽和南京之間，在電訊阻隔的情況下傳達訊息，是事件得以和平解決的靈魂人物。一九四六年端納在夏威夷罹患肺癌，宋美齡派機接他到上海就醫，直至這年十一月去世。

宋美齡、端納與張學良三人，於私，是生死至友；於公，卻曾在政治上有過短兵相接的恩怨糾結，歷史豈不弄人？

哥大圖書館的張學良檔案中，另有一封張學良給宋美齡的信，日期不詳，但應是在抗戰爆發後不久，龍困淺灘的張少帥向宋美齡表達請纓意願。

夫人前在妙高臺之訓，惟　委員長之命是從，所以居山以來，每日以閱書看報檢束身心為事，外間事一概不聞不問。惟自中日戰爭爆發以來，家仇國難，時縈於心，恨不能捨命捐軀，以抗強敵。是以前此有請纓雪恥之舉。近兩月中，每日注意鍛鍊身心，以心，以備　領袖之驅使，期為民族而犧牲，不敢自圖安逸，苟全性命於世間。受　委員長之優容厚待，有如家人，委員長運籌決策，夙夜焦勞，凡屬同志同袍，皆各效其能，以為抗戰之助力。處此時勢，詎敢妄有希冀，但以家仇國難，不容坐視，厚恩高誼，無由圖報，捫心自問，實有難者耳。否則飽食暖衣，山居優游，亦或他人求之所不得。

夫人聰慧過人，諒能洞鑒　之心緒也。

夫人平素待我良厚，故敢略陳下情，尚祈

有心教之是幸

端納隨宋美齡赴西安。

一九五九年，宋美齡為眼睛不好的張學良從美國帶回了那盞馬頭鐘檯燈，細心地告訴他，這燈很好用，可以調成任何他需要的角度。張學良收禮後立刻回信：

掀起萬丈風雲的張少帥。

夫人您體貼人，無微不至，萬里途程，念到良的眼疾，給良帶來那麼好的一座燈來。良因眼困，夜間不敢讀書，正是有點煩悶，這只燈一定給良好大的幫助。夫人對良的關懷，真令人感激不已。

……

良每迴思故舊，有時不知不覺中，愴然泣下，也許這是良的老境光臨和那幼稚心情交織而作祟。夫人，您是否覺著良有點可笑？

* * *

中央電視台外景隊的大批人馬離去了，西安張學良公館又恢復了空蕩寂寥。負責打掃的劉媽把二樓客廳裡搬動過的傢具重新擺置，拿著抹布東擦西抹著，一只紅色的塑膠水盆擺在古舊的茶几上，給人一種突兀的感覺；六十七年前西安事變中的三方會談，這張茶几可能就擱著宋美齡的香菸盒，或張學良的談判文件！我心裡默默地說，劉媽，妳可要仔細恢復這兒的一椅一几呀！否則一個不小心，歷史就被妳改寫了呢！

宋美齡、端納和張學良三人，是生死之交，
卻也曾短兵相接。
上圖／左二：張學良，右一：端納。
下圖／左：端納，右：宋美齡。

【註釋】

1. 宋美齡，＜西安事變回憶錄＞，《蔣夫人宋美齡女士言論選集》，（近代中國，一九九八年），頁三六。
2. 同前，頁三一至三二。
3. 同前，頁四一。
4. 民國二十五年十二月二十三日蔣中正日記，《愛記》，卷十一，國史館「蔣中正總統檔案」。
5. 二〇〇二年十一月十一日，郝柏村接受「世紀宋美齡」訪談時表示。
6. T. Christopher Jespersen，*American Images of China 1931-1949*，（Stanford University Press:1996），頁八六。
7. 二〇〇二年十月二十三日，楊天石接受「世紀宋美齡」訪談時表示。

5 訪美旋風

馬可孛羅的船

美國國會。

「世紀宋美齡」向美國國家檔案局（U.S. National Archives and Records Administration）購買的第一批資料影帶來了，我和製作人樂群迫不及待找了台機器放出來——宋美齡一九四三年，以二次大戰中國戰區最高統帥夫人的身分，在美國國會發表演說爭取奧援的影音畫面。

You, as representatives of the American people, have before you the glorious opportunity of carrying on the pioneer work of your ancestors, beyond the frontiers of physical and geographical limitations.（各位身為美國的民意代表，在你們面前就有個大好機會能夠延續先人拓荒的豐功偉業，超越空間與地理的限制。）

You have today before you the immeasurably greater opportunity to implement these same ideals and to help bring about the liberation of man's spirit in every part of the world（今天在各位面前，有著無可限量的大好機會，能夠落實同樣的理念，協助世上各個角落的人民釋放他們的心靈。）

為中國發聲。

裹著黑色旗袍的纖小身軀，挺直地站在亞美利堅巍峨的國會殿堂裡，道地的英語和鏗鏘有力的用辭，讓滿堂高大的美國男士起立為她喝采。我渾身一陣戰慄，

宋美齡在美國國會躍上了世界舞台，而且是舞台的中心。

短短二十分鐘的演說，她的生命燃燒到沸點。

啊！我從來沒聽過宋美齡講英語，不，該說我幾乎從來沒聽過她講話；在台灣出生成長的我，印象中的蔣夫人只有她接近晚年的各種儀式性無聲畫面，原來，年輕的、有聲的宋美齡可以迸發出這等能量！樂群也在一旁搖頭讚嘆道，powerful！powerful！

短短二十分鐘的演說，宋美齡的生命燃燒到極致。這一刻，絕對是她畢生的巔峰之作。

* * *

我在舊資料堆裡發現了一份字跡模糊的影印剪報，一九六五年九月十六日的《新生報》，一則中央社發自華府的稿子：「自由的象徵　華盛頓衛理公會教堂　玻窗刻有蔣夫人肖像」。我希望能找到這扇玻璃窗。

問了在華府居住多年的友人，也

問了宋美齡的孫媳蔣方智怡，他們都不曾聽聞。一天夜晚，我甚至夢到了這扇窗，高高的拱形窗戶，有著五彩的圖像，在夢境裡那麼真實；但，究竟在哪兒？

樂群從網路下手，搜尋之下，天哪，華盛頓竟然有五百多家衛理公會教堂！他隨意選了一家打電話過去，對方不知玻璃窗的下落，但提供了衛理公會博物館的電話。樂群再接再厲，Bingo!博物館裡一位夠老的牧師聽說過這扇彩繪玻璃，就在華府西北第十六街的Foundry United Methodist Church！

二〇〇二年十二月，華府才剛下過冰雨，許多學校和公司行號都停止上課上班，我和導演文珍、攝影以真撐著傘、扛著大小機器，跨過了溼漉漉的街道，來到了這所設立於一八一四年、華府最古老的衛理公會，厚重的教堂大門一開，迎接我們的是白髮紅頰、活像耶誕老公公的史洛夏爾牧師（Walter Shropshire）。

教堂裡的四面大玻璃窗，代表了羅斯福總統於一九四一年提出的「四大自由」，每項自由都有一位宗教人物和一位現代人物作為象徵。代表「言論自由」的是聖彼得和美國開國元勳湯瑪斯．傑弗遜；代表「信仰自由」的是聖保羅和第一批到美國的清教徒；「免於恐懼的自由」由以賽亞和法國微生物學家巴斯德（Louis Pasteur）代表；而「免於匱乏的自由」的象徵人物正是約瑟和中國第一夫人宋美齡。[1]

這四面玻璃窗於一九四三年底鑲刻完成，後來因為教會增建建築，窗子背後被牆擋住了，光線透不進來，彩繪肖像也就不見天日，日久連教堂的工作人員都忘了，甚至不知道有這些特殊設計存在了。以真用力掀開了塵封的窗子，把燈架立在窗背後，燈一亮！啊！Madame Chiang Kai-shek從黑暗中現身了！藍色的中國式衣裙，似中似西的臉

彩繪玻璃上的身影，象徵中國人民爭取「免於匱乏的自由」。

龐，右手伸前，左手撫胸，那一剎那，我想起了那幅有名的畫作「維納斯的誕生」。我也想起，這景象我夢中似曾相見！

宋美齡一九四三年訪美掀起熱潮，成為苦難中國的代言人，這幅彩繪肖像象徵中國人民戰亂中爭取生存權利的努力，也標誌了宋美齡當時在美國人民、尤其是基督教社群眼中的崇高地位。玻璃上鐫刻了一段她的話：「A better world based on universal principle of four freedoms must come into being.」（基於四大自由這普世原則而建立的更美好的世界，一定會實現。）

史洛夏爾牧師告訴我，宋美齡一九四三年來美國國會演講，車隊經過華府街道時，還是小男孩的他，隨母親擠在人群中爭睹宋美齡的丰采。宋美齡曾幾度蒞臨這座衛理公會教堂，一九四八年來訪時也在這扇「她的」玻璃窗前留影。

* * *

一九三七年七月七日盧溝橋事變爆發，中國走上抗日戰爭的艱苦道路，軍事委員會委員長蔣介石是最高領導人。

抗戰之初，中國陷於孤軍奮戰的苦境，世界各強只是隔山觀虎鬥；一九三九年歐戰爆發，並沒有直接影響到中國戰場。直到一九四一年十二月珍珠港事件發生，美國涉入太平洋戰事，需要中國牽制日本，歐戰與中國戰事合流，局勢才開始改觀，但「歐洲優先」仍是美國的大戰策略。

這時，宋美齡成了國民政府對外的超級宣傳員，她透過報紙、雜誌、廣播和接見外國記者的機會，大聲呼籲世界各國尤其是美國，正視中國戰局，支持中國對日抗戰。

宋美齡的對美宣傳工作，得力於她在美國政界、媒體與教會的廣泛人脈，擁有《時代》（*Time*）、《生活》（*Life*）和《財星》（*Fortune*）三大雜誌的亨利．魯斯（Henry Luce），是最著名的一位。

亨利．魯斯(左一)，支持蔣氏夫婦不遺餘力。

魯斯是傳教士的兒子，出生於中國山東，對中國有深厚的情感；他是位政治主張強烈的出版人，傳統新聞媒體所崇尚的不偏不倚，對他反而是次要。透過旗下的三大雜誌，魯斯積極傳播「美國第一」的主張，同時認為中國具有潛力接受美國制度與價值，成為另一個美國。魯斯不遺餘力支持國民黨政府以及蔣介石夫婦，認同他們的反共立場和基督教信仰；他認為蔣介石是「亞洲最偉大的軍人和政治家，是美國的友人」。蔣介石和宋美齡也好幾次登上《時代》雜誌的封面，成為美國人民熟知的東方領袖。魯斯的妻子克萊爾．魯斯（Clare Boothe Luce）是知名作家，一九四三年當選國會議員，對中國也極為友善。[2]

一九四一年，魯斯夫婦訪華，建議宋美齡前往美國訪問，宣揚中國抗日決心，認為她的威力可比三十師兵力；但蔣介石不同意，他認為妻子留在國內輔佐他，效益可抵六十師兵力。[3]

一九四二年九月，美國總統羅斯福的特使威爾基(Wendell L. Willkie)訪華，同樣建議宋美齡訪美，終於促成了她歷史性的美國之行。

這時的宋美齡羸弱多病，曾遭車禍嚴重受傷，並且患有鼻竇炎、皮膚病、精神耗弱等等，甚至疑似罹患胃癌。她以治病的名義赴美，實質上卻負有遊說友邦的重大任務。宋美齡離華前，蔣介石致函羅斯福總統：「內子非僅為中之妻室，且為中過去十五年中共生死同患難之同志，彼對中意志之瞭解，當非外人所能及，故請閣下坦率暢談，有如對中面罄者也。……」[4]

一九四二年十一月十七日，宋美齡躺在擔架上從成都機場上了飛機，抵達美國後立刻住進醫院，羅斯福夫人前去探望她時，發覺她非常緊張難過，任何東西觸碰到身體她都受不了，讓羅斯福夫人起了母性的關愛，把她當作自己的女兒。[5]

健康日有起色後，一九四三年二月十七日宋美齡從紐約抵達華府，羅斯福夫婦親自迎接，宋美齡和隨行的外甥孔令侃、外甥女孔令偉在白宮住了十一天，受到上賓的禮遇。

* * *

接下來，宋美齡巡迴美國各大城發表演說，嬌柔病弱的小女人，搖身一變為堅毅犀利的外交官。

一九四三年二月十八日，宋美齡赴美國國會發表演說，先對參議院做了即席談話，強調中美兩國的長期邦誼以及共同理想。她感性地說了個真實故事：美國飛行員杜立特（James H. Doolittle）上校率隊轟炸東京後回航，數名隊員被迫跳傘降落在中國內地，村民向他們奔來，一名飛行員揮手高呼他惟一會講的中國話「美國！美國！」村民高聲歡呼，熱烈歡迎，有如見到了失蹤已久的兄弟。這位飛行員說，他見到中國民眾也像見到了自己家人，雖然這才是他第一次來華。宋美齡特地向參議員們解說，「美國」在中文裡意為「美麗之國」。

接下來宋美齡前往眾議院，這位嬌小纖細的中國婦人入場時，走道兩旁是起立鼓掌的高大西方男士，對比畫面蔚為奇觀。發表演說，她雖然沒有正面質疑美國「重歐輕亞」的戰爭策略，但大聲呼籲世人正視日本對亞洲以及世界和平的威脅，「吾人慎勿忘，日本今日在其占領區內所掌握之資源，較諸德國所掌握者更為豐富。吾人慎勿忘，如果聽任日本占有此種資源而不爭抗，則為時愈久，其力量亦必愈大。多遷延一日，即多犧牲若干美國人與中國人之生命。吾人慎勿忘，日本乃一頑強之民族。」

這篇短短二十分鐘的演說，震驚四座，成為美國歷史上最著名的國會演講之一，宋美齡也是第一位平民、第二位女性登上這個講台〔第一位女性為荷蘭女王威廉密娜（Queen Wilhelmina of the Netherlands）〕。宋美齡以她個人的風采和才華，代表艱苦奮戰的四萬萬中國人民，接受了美國人民的喝采與致敬。

國會演說翌日，宋美齡與羅斯福夫婦在白宮橢圓形辦公室聯合召開記者會，一百七十幾位記者擠滿了會場，宋美齡坐在中間，羅氏夫婦好似左右護法般坐在她兩側，羅斯福夫人的一隻手擱在宋美齡的椅手臂上護持著她，羅斯福則請記者不要問太刁難的問題。

但這位看似嬌小柔弱的中國第一夫人，絕非省油的燈。一位記者問她，聽說中國在對日戰爭中並沒有充分運用人力？她面露不悅地說，中國已用盡人力，問題是缺乏現代化武器。記者再問，那麼中國將如何取得所需武器呢？宋美齡技巧地把球丟給一旁的羅斯福總統。羅斯福費了一番唇舌說明運送軍火的困難，但表示美國政府會加快速度，「如上帝所允許的那麼快」(Just as fast as Lord will let us)。宋美齡站起來接話說，「我要提醒大家，天助自助者」(The Lord helps those who help themselves)。記者哄堂大笑，也見識到了宋美齡的機智與鋒利，次日報紙普遍報導了這段對話。[6]

羅斯福夫婦視宋美齡為上賓。

宋美齡後來曾發電告知蔣介石，羅斯福應允該年年底交運五百架飛機給中國，她指出：「羅斯福為人圓滑不定，頗難應付；但因妹在美國民眾愛戴，不可輕視，故幾經交涉，結果十分滿意。」[7]

宋美齡透徹瞭解蔣介石的政治理念與外交政策，赴美後蔣介石也與她維持著密切

宋美齡在好萊塢露天大會場的演說，吸引了三萬名聽衆。

通訊，提示演說要點以及與美方交涉方向，但「將在外，君命有所不受」，她站在第一線折衝樽俎，隨機反應與臨場判斷就端賴個人才智了。譬如，羅斯福曾與宋美齡談及大戰結束後的建設問題，她當即答覆，戰事結束後的談判原則應是：琉球、滿州、台灣歸還中國；香港成為自由港，主權歸中國。而事實上，宋美齡離華赴美前，蔣介石對此問題並無交代。[8] 日後中國在開羅會議中，針對戰後安置問題也提出了類似的主張。

*　　*　　*

離開華府後，宋美齡接下來在全美各地掀起了一陣「Madame Ch iang旋風」，這位中國第一夫人從紐約市政廳、麥迪遜廣場、芝加哥體育場、舊金山唐人街到好萊塢露天大會場，為戰時中國高分貝發聲請命，也曾轉赴加拿大首都渥太華訪問，估計有二十五萬人聽過她的現場演說，至於收音機旁的聽眾更是無計其數了。《紐約時報》社論形容宋美齡是「地球上最有影響力的女性之一」。有媒體稱她為Missimo（女元帥），相對於一般人稱呼她的夫婿蔣介石為Generalissimo（大元帥）。紐澤西州州長埃迪森（Charles Edison）在紐約市政廳聽完她的演說後表示，中國對日抗戰的犧牲奮鬥，「是中國給予美國的無價禮物。」紐約時裝界一九四三年的春裝，也吹起了一陣柔和的中國風尚，《時尚》（*Vogue*）雜誌以專文討論宋美齡的服飾風格。

時尚界青睞。

《宋氏王朝》（*The So ong Dy nasty*）一書描述宋美齡風靡美國

的明星架勢。她搭乘羅斯福總統的專用火車車廂前往舊金山，夜半途經猶他州的一個小鎮，居民在車站徹夜守候，希望一睹中國第一夫人的丰姿，但當時宋美齡正在睡夢中，她的一個女僕披上她的披肩，打扮成她的模樣，走到月台上向群衆頷首微笑，小鎮居民不疑有他，興奮地喊著：「她來了！她來了！」[9]

宋美齡巡迴美國各大城市演說，採取了不卑不亢的訴求策略：中國和美國是兄弟之邦；中國所追求的自由民主與美國的立國精神一致，亞洲民主的希望就在中國，不能任由日本侵奪；而中國對日苦戰對美國是一種貢獻，牽制住了日本的侵略行為，提供了美國和平發展的空間。

而她在美國為戰時中國奔走呼號，除了普遍贏得輿論的同情與支持之外，究竟發揮了哪些實質效益？扭轉了哪些政治現實？

她的群衆魅力曾讓聯合參謀首長會議一度緊張，擔心美國以歐洲為主的大戰方針會隨之調整。但形勢比人強，羅斯福總統終究未受到影響，依然將德國視為首要敵人，不過在國會議員和民衆的催促之下，確實下令加速對華的軍援行動。民衆則以熱情捐款表達了對中國的同情和支持。一九四三年年底，美國國會廢除施行了六十一年的「排華法案」，給予華人移民美國的名額，一般認為宋美齡的美國行發揮了推波助瀾的效果，促使國會議員重新考慮中國移民的問題。

*　*　*

宋美齡的美國行，不僅是中國戰區最高統帥夫人訪問盟邦的外交活動，因著她的

華埠迎蔣夫人。

個人特質，更使整件事情蘊含了豐富的文化意義。

宋美齡的身體誕生在東方，心靈孕育在西方，這種文化混血的特質，讓她在那個中國逐漸與西方接觸、碰撞甚至挫折的時代，扮演了某種文化融合交流的橋樑角色。她在美國國會演講的次日，《紐約時報》社論指出：「她就是亞洲世界和整個世界不分離的明證。」

資深媒體人陳文茜，過去學的是國際政治，向來關心女性與權力的議題，她從一個政治人物的格局觀察宋美齡，認為她的身上由東方和西方特質所綜合出來的神祕色彩，產生出一種雍容華貴的魅力，進而轉化成一種行使權力的正當性的天分，

一婦當關。

「這使得宋美齡一個人勝過幾千億的軍事採購，在美國發揮出卓越的影響力。」

陳文茜說：「宋美齡就像是美麗、智慧、帶著神祕的東方女神，帶著西方人進入一個從十六世紀以來他們就迷醉的中國。她就像是馬可孛羅的船，帶著美國人航向一個他們無法捕捉的境地。」

宋美齡的一篇篇演說當中，潛藏著她對於美國文化和社會心理的理解與掌握。這位出身美國名校的中國女子，身穿旗袍，用比

許多美國人更優美的英語，訴說著對民主自由的憧憬，對基督教精神的闡釋，讓美國人看到了他們所期望看到的中國，一個似乎愈來愈往美國價值趨近的中國，進而產生同情和支持。

代表戰時中國前往美國遊說，宋美齡柔弱嬌媚的女性角色發揮了男性難以企及的力量。作家平路曾在中篇小說〈百齡箋〉裡深刻描繪宋美齡的人生，她接受「世紀宋美齡」訪談時指出，「宋美齡以她弱女子的形象，得到多少人的喝采，不管在美國國會或白宮，都得到了上賓的招待。但如果我們很清晰地看歷史，除了她個人的魅力之外，更重要的是，在那個時代，她的位置恰好符合了美國作為救援者的角色，以及傳統西方人認為自己對於援救弱小東方的負擔。」

雍容華貴的魅力。

基督教背景也是宋美齡與西方世界打交道的一大優勢，她因此能夠與美國主流文化對話，被接納為他們的一份子。

早自一八九〇年代起，美國基督教教會就夢想把中國變成一個基督教國家。宋美齡的父親宋耀如，在美國接受神學教育後，回到中國宣揚基督教教義；宋美齡出生在基督教淵源深厚的家庭，接受了美國主流文化價值，也如父親般在中國播撒基督教的種籽；

宋美齡旋風橫掃全美。

尤有甚者，她影響的是當時中國最有權勢的男人，蔣介石與宋美齡結婚三年後終於受洗成為基督徒。

在美國教會眼中，中國是一大片充滿了希望的肥沃之土，有一大群可能被「感召」的異教徒，現在有了一位深具影響力的姐妹在那兒，比起教徒們長年涓滴捐款，傳教士歷盡艱辛在中國辦學校、宣揚教義，宋美齡的力量可是大多了！蔣介石終於成為基督徒，對他們意義重大。美國教會領導人對宋美齡推崇備至，衛理公會在她撰寫的小冊子《我的宗教觀》出版序言中，稱她為世上「最有影響力的基督徒」。

美國北喬治亞州州立大學歷史系主任傑斯柏森（T. Christopher Jespersen）指出，「中國領導人夫婦，以及許多國民黨的高官，如今都成了基督徒；對已經在中國耕耘了三十多年的美國傳教士而言，他們希望轉變中國成為基督教國家的希望，如今似乎實現了。」

* * *

位於紐約上州海德公園的羅斯福老家，鄰近哈德遜河，占地寬廣，環境清幽，是美國第一座退休總統圖書館。「世紀宋美齡」外景隊來訪的這一天，雪方霽，滿園厚厚的積雪，連羅斯福銅像的額頂也堆著雪塊，這位二次大戰與蔣介石夫婦交情深厚的美國元首，好似戴了頂俏皮的白帽子。一群來參觀的中學生，嬉鬧蹦跳聲打破了館裡的古舊和寂靜，還在我們的鏡頭前耍寶逗趣。

一九四二年底宋美齡來美就醫，在醫院療養幾個月以後，身體逐漸康復，羅斯福

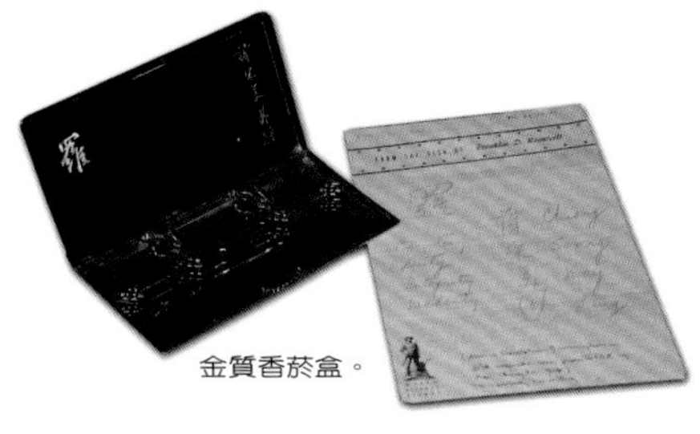
金質香菸盒。

夫婦邀她來老家作客，那是中美兩國邦交最密切、領導人關係最親近的時刻，宋美齡住過的客房，早年還掛著「蔣介石夫人曾宿於此」的牌子。一位年長的工作人員從庫房找出宋美齡當年送給羅斯福的一只金質香菸盒，墊在黑絨布上，戴著白手套的雙手恭謹地捧著交給我們。我在圖書館發現了美國政府當年給予宋美齡元首級特勤保護的資料檔案，華盛頓與重慶之間為了維護她的安全，函電頻繁往來；還有媒體報導指出，宋美齡是最難保護的人物之一，因為她訪美行程都是公開透明的。

圖書館為羅斯福夫人專門闢了一間展示室，不停播放著影片介紹她的一生。羅斯福夫人和蔣介石夫人，是二十世紀兩位最知名的第一夫人，但彼此的氣質觀念和行事

宋美齡曾在羅斯福老家作客。

羅斯福總統任內，中美邦誼極為密切。

作風南轅北轍。著有《跨世紀第一夫人宋美齡》的中國時報主筆林博文指出，「羅夫人是一個平民化的第一夫人，蔣夫人是一個貴族化的第一夫人。」前者最關心的是人權、勞工、婦女等議題；後者最關心的首先是如何維持中國的地位，再者是如何維持蔣家的權力。

館中藏有羅斯福夫人回憶錄*This I Re member*的打字原稿，我很幸運，在大批泛黃脆弱的稿紙堆裡，隨手一翻就看到她對於中國第一夫人的追憶。宋美齡一九四三年訪美時，羅斯福夫人對她固然關懷照顧備至，但在回憶錄中對宋美齡的描述，流露了許多意在言外的不以為然。

譬如，當時美國工會領袖路易斯（John Le wis）正發動工潮，某次閒聊中，羅斯福總統問宋美齡，像路易斯這種人，在中國你們會如何處理？宋美齡一言不發，舉起纖纖玉手在脖子上橫劃了一刀，如果在中國他早就被砍頭了！類似這種不經意流露的冷酷，讓羅夫人嚇了一大跳。[10]

羅夫人說，很多男性覺得宋美齡聰明而迷人，卻又有一點兒怕她，因為每當觸及中國和她丈夫政權的利益時，她可是一個頭腦冷靜的政治人物哪！她那絲絨般的小手和柔和的聲音隱藏了鋼鐵般的堅強意志。[11]

宋美齡巡迴美國各大城市發表演說，率大批隨從搭乘火車往返東西岸之間；羅斯福夫人和祕書湯咪（Tommy），數日之後也走了一趟類似行程，到哪兒都聽人們說起蔣夫人種種。旅行結束後，宋美齡與湯咪之間的一段問答，頗能顯現她的行事作風與羅夫人大異其趣。

宋美齡很好奇，羅夫人怎麼可能只帶了個湯咪就應付了這趟長程旅行，她自己帶了四十幾人還嫌人手不足呢！宋美齡問湯咪，誰幫妳們收拾行李呢？湯咪說，我們自己收拾自己的。宋美齡又問，誰接電話呢？湯咪說，誰離電話近誰就接。誰處理信件電報呢？我們一起處理。誰打點衣服

羅斯福夫人（左）與蔣介石夫人是二次大戰最知名的第一夫人。

呢？如果衣服需要燙，我們就請旅館服務生代勞。最後宋美齡問道，妳們在外的安全問題怎麼辦呢？湯咪說，基本上我們不需要特別保護，因為人民都很友善。當然，羅夫人特別說明，來自戰亂中國的蔣夫人，大概很難理解美國這方面的安全。[12]

羅斯福的兒子伊立歐（Elliott Ro osevelt）在回憶錄中表示，宋美齡在紐約頂級的華爾道夫飯店住了好幾個月，又在曼哈頓區大肆血拚，開銷全由美國政府負擔，超過了一百萬美元。[13]

宋美齡赴美時攜帶了一批絲綢床單自用，即使在床上小睡片刻，也要僕人更換床單，人們往往以此非議她的奢華派頭。資深外交官陸以正對此倒是另有一番瞭解：宋美齡患有有兩種慢性疾病，蕁痲疹和帶狀疱疹，孔令侃曾形容，她的皮膚病「癢起來的時候有一百隻手也來不及抓」。蕁痲疹當時沒有類固醇之類的藥物可治，醫生只判斷宋美齡對棉質過敏，所以她訪美時確實自己帶了絲綢床單。其實絲綢是中國的土產，在當時反而不及人造絲值錢。

也有國外媒體指出，宋美齡由於患有皮膚病，經常需要塗抹一種油性藥膏，絲綢床單比較不會黏身。而她擔心沾污了主人家的床單，所以作客時才攜帶了自用床單。[14]

* * *

宋美齡銜命赴美，一鳴驚人，遠在地球另一端，留在重慶鎮守戰時中國的蔣介石，是她「背後的那個男人」；他如何看待這位出類拔萃的妻子呢？

台北新店國史館「蔣中正總統檔案」中，蔣介石的日記以及與宋美齡之間的往來電文，讓我一窺這位中國戰區最高統帥於公於私的心境。

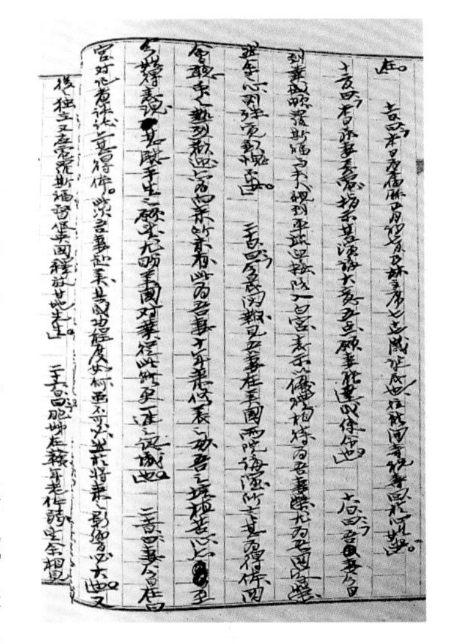

一九四二年十一月十八日，宋美齡離華赴美，蔣介石在當天的日記中流露出夫妻相別的依依離情，細膩婉轉的情感，乍讀之下我為之驚異：「本晨五時醒後，不能安眠，默禱吾妻此行平安與成功。九時，送妻至九龍坡機場，同上機，送至新津大機場。十二時，送妻登機，見其機大，乘坐必平穩，此心少安。別時，妻不忍正目仰視，別後更覺黯然銷魂之情景，心甚悲愴。惟祝上帝賜予生育子女，以補吾妻平生之不足也。」[15]

宋美齡赴美國國會演說前，蔣介石頻頻去電提示要點，後來在日記中寫道：「今日閱報，見吾妻在美國兩院講演，所言甚為得體，國會聽衆之熱烈歡迎為向來所未有，此為吾妻十年來修養之功，吾之培植苦心亦至今始得表現，甚慰平生之願望。」我讀之甚覺有趣，一般人多認為蔣介石對於西方事務陌生隔閡，宋美齡是他的啓蒙師，也是最高參謀，但他自己顯然另有看法。[16]

外人眼中光彩奪目的Madame Ch iang Ka i-shek，蔣介石看來也別有一番滋味在心頭，他憂心妻子的身心負荷過重：「吾妻昨日在紐約市政廳演講，幾至暈厥，其心身之疲乏，精神之憤悶，可想而知，此又余審事不周，而任其單身前往苦鬥之過也。但深信吾妻此行，其結果於國家前途必有良效也。」[17] 他也曾寫信給妻子表達這方面的憂慮：

「昨觀吾愛在唐人街演說影片甚佳，惟體力容態皆甚疲弱，未曾復元，甚念。望早日回國為盼。」[18]

而宋美齡本身，雖然在美國博得了壓倒性的輿論寵愛，卻未在掌聲中迷失自我，對於中國的現實處境以及自己的特殊角色心知肚明。她從美國寫給蔣介石的一封信，充分顯露出她對於主客觀形勢理性冷靜的瞭解與判斷：

訪美歸國。

「自抵美後，綜合各方報告及妹個人觀察，詳細分析，對於歐美對我無真正誠意之印象，更覺加強，基本觀念為忌我自強，故對我之援助，除必要者，均以表面敷衍，美軍日臻強盛，則賴我之心理必日趨薄弱。

「此次美國當局對妹招待周到，民眾之關切，以及羅夫人之欽佩殷勤，或可謂無以復加。但妹以為美人對我輩之敬仰，乃個人之成就，雖與國家不無利益，但不可不作一識別。

「妹與美國當局作談話時，惟有取十二分誠意，在平等互重原則下曉諭中美之利益，此雖為妹在美時深願完成者，但我在彼等心目中，只為伸手索物者，此兄定已諒察。無論如何，妹抵美宗旨以代表社稷及兄，當盡力為之，惟決不肯失國家及兄之尊嚴。」[19]

* * *

一場世界大戰，為宋美齡在東西兩個半球之間鋪展出了比誰都遼闊的舞台。她是第一個躍上世界舞台的中國女性，而且是舞台的中心。她為美國人民描繪出一個值得期待的中國，為戰火掙扎中的國族爭取到了友邦的同情與支援。

有人認為宋美齡當年做的只是一種「表演」，甚至認為她為了中國的利益，以技巧欺矇了美國人。她為美國人描繪出的中國，與事實有著相當大的落差，也使得某些美國人後來認識到真正的中國時，失望油然而生。

然而，宋美齡做錯了嗎？回歸到那國族存亡的關鍵時刻，以她的個人條件與所處位置，她所做的或許也只是奮不顧身、全力一搏吧！

一個甲子之後，美國首府最古老的衛理公會教堂，彩繪玻璃雖已蒙塵，宋美齡的身影仍在。她慷慨激昂的演說，穿過遙遠的時空，依然在歷史的殿堂中盤旋迴響不去。 𝒮

【註釋】

1. 聖彼得以敢言著稱；傑弗遜則是言論自由的擁護者。聖保羅原本助羅馬皇帝迫害基督徒，後來幡然悔悟。＜舊約＞中的先知以賽亞帶來上帝救贖的消息；法國微生物學家巴斯德研發出炭疽病及狂犬病等疫苗。約瑟為法老王解夢，教導他存糧防饑荒。
2. T. Christopher Jespersen，*American Images of China 1931-1949*，（Stanford University Press:1996），頁一一至四四。
3. 林博文，《跨世紀第一夫人宋美齡》，（時報，二〇〇〇年），頁一六六。
4. 民國三十一年十一月十六日蔣中正致羅斯福函，《革命文獻》，第三十七冊，國史館「蔣中正總統檔案」。
5. Eleanor Roosevelt，*This I Remember*打字原稿，頁三八二至三八三，羅斯福圖書館檔案。
6. 林博文，《跨世紀第一夫人宋美齡》，（時報，二〇〇〇年），頁一八〇至一八二。
7. 民國三十二年三月一日宋美齡致蔣中正電文，《革命文獻》，第三十七冊，國史館「蔣中正總統檔案」。
8. 同前。
9. 西格雷夫（Sterling Seagrave），《宋氏王朝》（*The Soong Dynasty*）（下），（風雲年代，一九九九年），頁二四八。

10. Eleanor Roosevelt，*This I Remember*打字原稿，頁三八四，羅斯福圖書館檔案。

11. 同前。

12. 同前，頁三八七至三八八。

13. Elliott Roosevelt, *A Rendezvous with Destiny: The Roosevelts of the White House*, 頁三三五。轉引自林博文，《跨世紀第一夫人宋美齡》，（時報，二〇〇〇年），頁一九八。

14. T. Christopher Jespersen，*American Images of China 1931-1949*，（Stanford University Press:1996），頁二一五。

15. 民國三十一年十一月十八日蔣中正日記，《愛記》，卷二十六，國史館「蔣中正總統檔案」。

16. 民國三十二年二月二十日蔣中正日記，《愛記》，卷二十七，同前。

17. 民國三十二年三月二日蔣中正日記，同前。

18. 民國三十二年四月二十七日蔣中正致宋美齡函，《蔣總統家書——致夫人》，第五冊，國史館「蔣中正總統檔案」。

19. 民國三十一年十二月四日宋美齡致蔣中正電文，《革命文獻》，第三十七冊，國史館「蔣中正總統檔案」。

6 開羅會議

第四位巨星

埃及首都開羅。

中小學課本上眼熟到印在腦海裡的那張相片，剎那間活了起來！——我看到了開羅會議的資料影片！

這一切都是真實的！一身雪白西裝的邱吉爾，指間的雪茄冒著煙；羅斯福輕鬆地左右顧盼，修長的雙腿看不太出來患有小兒痲痺症；穿著畢挺軍服的蔣介石，手裡拿著一頂綴有青天白日徽章的軍帽，僵直地坐在那兒，臉上掛著拘謹的笑容，偶爾點頭回應羅斯福的談話（但他聽得懂英語嗎？）而宋美齡，我們從小看慣的那襲白色短大衣，鑲邊的長旗袍，前頭鏤空、綴朵花的白色高跟鞋，向前微傾的坐姿，全都活生生來到了眼前！她與邱吉爾不停談笑著；不時揮手驅趕的，是開羅惱人的蒼蠅吧！

* * *

如果在紙上畫個V字，正可代表中國對外關係的三個指標性年份：第一個高點是一七九三年，那一年乾隆皇帝愚昧自大地接見了英國特使馬嘎尼（Lord Macartney），馬嘎尼依照謁見英王的禮節向乾隆行禮；谷底是簽訂南京條約的一八四二年，中國飽受屈辱；谷底回升後的再一次高點即是一九四三年的開羅會議，由於抗日戰爭中中國人民展現的堅苦卓絕，以及全球戰略架構的轉變，中國躋身為世界四強之一，與列強平起平坐，國際聲望攀上高峰。

這是二次大戰中的一場重要會議，也是近代中國元首第一次參加國際性高峰會談，中美英三國元首除了討論反攻緬甸等軍事問題之外，也研商了戰時軍事經濟、戰後國際政治以及敵對國占領地如何處置等議題。三巨頭聚首會談，宋美齡是惟一出席的元首夫人，是三巨頭之外的另一位巨星。因著優越的外語能力，她擔任蔣介石的翻譯，比

丈夫更能與各國代表溝通無礙；因著對於涉外事務的理解和嫻熟，她更扮演了實質性的協商和談判角色。

惟一與會的元首夫人，光芒奪目。

我在台北國史館收藏的蔣介石日記摘本《愛記》中，讀到了這位極少出國、對國際事務並不熟稔的中國領導人，如何看待妻子在這次國際會議中的表現。

茶會間，馬歇爾、李海二參謀長及霍浦金作陪，見吾夫人與之應酬問答之有禮，工作之辛苦，若非見此，不能想像其為國貢獻之大也。余乃因此可以少談話矣。[1]

……

今晚與吾夫人詳商要求美國借款與經濟協助方式，夫妻共商精付，庶不誤事，亦惟此方足以慰藉征途憂患之忱也。[2]

今日吾妻上午十一時往訪羅斯福商談經濟回來，直至晚間霍浦金辭去，在此十小時之間，幾乎無一息暇隙，所談皆全精會神，未有一語鬆弛，故至晚十時，見其疲乏不堪。彼目疾未愈，皮膚病又癢痛，而能如此，誠非常人所能勝任也。[3]

宋美齡在開羅會議中光芒萬丈，遮蓋過蔣介石，羅斯福總統日後對美國知名記者史諾（Edgar Snow）說：「我對蔣介石在開羅的表現始終沒有什麼印象，事後回想起來，我才發覺我對蔣介石的認識以及蔣介石的想法，都是蔣夫人轉述的。她總是如影隨形，隨時轉述他的答覆，我認識的其實是蔣夫人，而不是蔣介石。」[4]

邱吉爾向來對中國存有戒心，與蔣介石夫婦也關係不睦，蔣介石以極為逗趣的文字，在日記裡描述宋美齡與邱翁的言辭過招：「邱吉爾來訪，余與談一小時，其間與吾夫人談笑不斷。彼首問曰：你平時必想我邱某是一個最壞的老頭兒乎？吾夫人答曰：要請問你自己是否為壞人？彼曰：我非惡人。吾夫人曰：如此就好了。其言多為吾夫人所窘也。」[5]

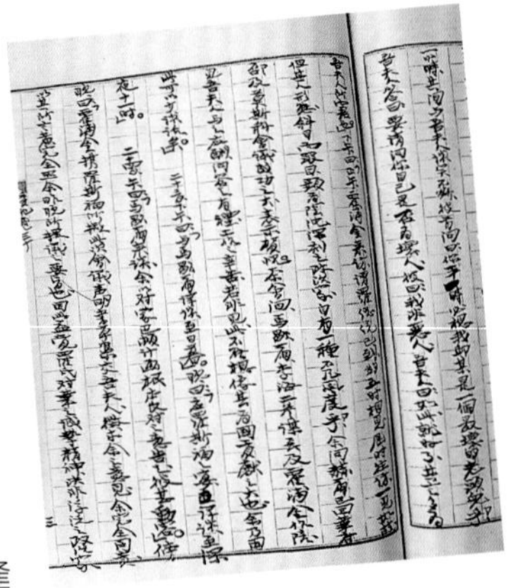

* * *

世人看到了宋美齡在開羅會議的光鮮亮麗、左右逢源，其實，根據蔣介石的日記透露，從中國飛往開羅的飛機上，宋美齡由於誤服藥劑，皮膚痼疾劇烈發作，面目浮腫，其狀甚危，幾乎徹夜未能安眠，讓他非常不忍。

「世紀宋美齡」的拍攝小組，在紐約上州羅斯福圖書館的檔案裡，發現了一張宋美齡與蔣介石遊覽金字塔區的照片，她戴著墨鏡和寬沿大草帽，坐在吉普車上笑得陽光般燦爛，蔣介石則站在她身後微笑著，是夫妻倆非常少見的悠閒神色。

宋美齡和蔣介石（左後）遊覽金字塔區。

開羅會議中，蔣介石與英國蒙巴頓元帥晤談時，堅持反攻緬甸期間，喜馬拉雅航線的物資運輸必須維持每月一萬噸，並需要五百三十五架次的飛機。蒙巴頓極力向蔣介石解釋，即使能有那麼多飛機，要翻越駝峰運送那麼多物資也是難上加難，何況還有雨季的問題要考慮。但蔣介石依然堅持要求，這時居間翻譯的宋美齡轉頭對蒙巴頓調侃她的丈夫：「信不信由你，他根本不知道雨季是怎麼回事！」[6] 這是宋美齡為了調和會談氣氛而展現的西式幽默？還是脫口而出的戲謔之辭？

類似開羅會議這樣的涉外場合，原本是附屬角色的宋美齡總是遠比丈夫揮灑自如，她究竟有著什麼樣的心境呢？類此問題，她自己不曾剖露，歷史學家也難以進入她的內心世界。我好奇著，卻得不到答案。這個時候，享有自由揣想特權的小說家，就令我羨慕了。

作家平路的中篇小說＜百齡箋＞，運用了小說家馳騁想像的空間，刻劃宋美齡在外界認為的政治婚姻中，對夫婿愛怨交加的心境；雖然虛實難以考證，卻描繪出一個有血有情的宋美齡：

用英文交談的場合，其實她感覺到丈夫深切的不安全感，但她就是故意要去挑釁。有時候跟美國大男孩子以雙關語調調情，小試一下自己莫之能禦的吸引力。即使是開羅會議的場景，丈夫被安排在邱吉爾身邊，臉上一副尷尬的表情，她都刻意不靠過去替丈夫解圍。她瞧見丈夫一身硬挺的軍裝，雙手抓住什麼護身符一樣，緊緊握著那頂綴著青天白日國徽的軍帽，裝得彷彿他聽得懂，在場每個人又都知道他聽不懂。她自顧自嬌笑著，不時拋個媚眼，用前面鏤空的高跟鞋，踢一下羅斯福總統抖過來抖過去的那隻跛腿。[7]

會議結束，三盟國發表宣言，聲明戰後日本應將從中國掠奪之東北四省、台灣和澎湖群島歸還中華民國。蔣介石認為：「本週在開羅七日，會談結果，以政治之收穫為第一，軍事次之，經濟又次之。如東北四省，與台灣、澎湖群島，乃已失去五十年或十二年以上之領土，而能獲得美英共同聲明歸還我國，又得共同承認朝鮮於戰後獨立自由。此固余平時之人格感召，而吾妻為余協助之功，實更大，否則當不能得此大成也。」[8]

此際，蔣介石夫婦的國內外聲望臻至巔峰；返國後蔣介石頒贈青天白日勳章給妻子，嘉勉她在開羅的表現。

然而，風光背後，陰影攏聚過來，開羅會議成了中美關係起落的分水嶺。雖然中國在開羅會議中確定了四強之一的地位，獲得了戰後收復台澎東北失地的承諾，但由於英美始終採取「先歐後亞」和「重蘇輕華」政策，對於蘇聯對日參戰寄予厚望，中國的戰場地位因而大幅跌落。會議中英美對中國所做之承諾，如南北緬水陸夾攻案、九十師裝備案、軍事幕僚長聯席會議參加案等，日後都成為空頭支票。[9] 而蔣介石夫婦在開羅會議上向羅斯福要求借款十億美元，在華府高層引起了強烈反彈，被史家視為一大敗筆。[10]

巔峰之後，就是下墜。但那張三巨頭加一巨星的相片，已成為宋美齡的代表作之一。台北婦聯會為宋美齡保留的辦公室裡，這張放大的照片高掛牆上，想必這也是她自己頗願意時光停駐的一刻吧！ 𝒮

開羅會議那一刻，停駐在歲月裡。
（圖為婦聯會宋美齡辦公室。）

【註釋】

1. 民國三十二年十一月二十二日蔣中正日記，《愛記》，卷三十，國史館「蔣中正總統檔案」。
2. 民國三十二年十一月二十五日蔣中正日記，同前。
3. 民國三十二年十一月二十六日蔣中正日記，同前。
4. Edgar Snow，*Journey to the Beginning*，（Random House of Canada：1958），頁三四七。
5. 民國三十二年十一月二十二日蔣中正日記，《愛記》，卷三十。
6. 佟靜，《宋美齡全本（上卷）——百年豔麗》，（風雲時代，二〇〇三年），頁四〇六至四〇七。
7. 平路，《百齡箋》，（聯合文學，一九九八年），頁一八八至一八九。
8. 民國三十二年十一月二十八日蔣中正日記，《愛記》，卷三十。
9. 梁敬錞，＜中美關係起落之分水嶺＞，《中美關係論文集》，（聯經，一九八八年），頁一至頁十。
10. 林博文，《跨世紀第一夫人宋美齡》，（時報，二〇〇一年），頁二二二至二二三。

盧山的美廬。

7 她在中國

多面的第一夫人

從北伐到對日抗戰，黃沙滾滾、烏雲蔽日的中國大地上，第一夫人宋美齡像是一道凌空劃過的光芒。她在這塊黃土地上的活躍身影，不下於她在國際舞台的盡情演出，面貌甚且更多樣，角色更寬廣。

「世紀宋美齡」探尋她的足跡，看到了她皇后般的養尊處優，公主般的嬌寵，母親般的溫煦，社會工作者般的幹練……。

廬山歲月

宋美齡和蔣介石喜愛在夏天離開酷熱的南京或重慶來廬山避暑，「世紀宋美齡」的外景隊卻在天寒地凍的時節登上這座中國名山。

上山的路曲曲拐拐，轉得一車人發暈，執行製作玉麗還吃了暈車藥。車行愈接近山頂，寒氣愈重，轉到向陰的山路，開始看到草樹結霜了，再往上走，啊，遍山樹林都垂掛著晶亮的冰條！我們這群來自亞熱帶島嶼的「夏蟲」，興奮地衝下車拍照留念，快門按下的那一剎那，樹枝上的冰條和雪塊突然紛紛如雨落下，鏡頭捕捉到了夏蟲們在冰雨中歡喜驚呼的誇張表情。嗯，這大概是宋美齡不曾體驗過的樂子！

夏蟲的驚喜。

賓館長長的石階上結著滑溜的冰層，我們戰戰兢兢一步步走進了大廳。夜裡氣溫愈降愈低，房裡的暖氣微弱如游絲，我把全套雪衣都裹上，蓋了兩床大棉被，依然冷得全身打哆嗦，睡不著，也不敢睡著，生平第一次，深怕睡著就凍死了醒不過來啦。摸索著起身打電話給櫃台，小姐大剌剌地說，都開啦！暖氣都開啦！就是這樣了！噢，這也絕對是宋美齡沒有嘗過寒徹骨的廬山之夜吧！

*　*　*

一九二六年至一九四八年，除了日軍占領期間，蔣介石夫婦有十三個年頭經常上廬山居留。一九三二年起，這兒成為國民政府的暑期辦公地，有「夏都」之稱，是僅次於首都南京的政治重鎮。蔣介石在廬山召開有關政治、軍事、外交、經濟等方面的會議，共計十一次，稱作「廬山會議」。他還在廬山創立了「軍官訓練團」，培植黨政嫡系幹部。一九三七年七月十七日，盧溝橋事件發生後十日，蔣介石發表重要講話，宣布全國進行全面抗戰；那張振臂疾呼的知名相片，拍攝場景

廬山留有宋美齡的榮美與惆悵。

就在廬山。

抗戰期間，宋美齡以第一夫人的身分投入婦女工作，動員婦女勞軍、救傷、募款、縫製征衣等等；一九三八年五月她在廬山圖書館（今天的廬山大廈）召開的「全國婦女座談會」，頗具有歷史指標性意義。這項會議邀請了各黨派的婦女領袖，包括共產黨的鄧穎超，眾人齊聚一堂討論抗戰期間婦女的任務。[1]

我們在遷址後的廬山圖書館看到了這

全國婦女座談會在此舉行。

一九三四年，新生活運動於南昌展開。

次會議的相片，那時正值四十年華的宋美齡，穿著藏青色的旗袍，素服素顏。她在會中強調戰時中國團結的重要，「許多誤會的發生，往往由於大家雖在做著同一的工作，彼此卻並不認識，私人的認識和接觸，實在足以促成有效的合作。」她還感性地說，「廬山的濃霧，看上去非常凝重，可是飄忽得很，一轉眼間會煙消雲散，無影無蹤。我們今天在這裡開會，我希望我們的一切討論和決議，能夠成為一種具體的基礎，以訂定有價值的工作綱領，而不要像廬山的濃霧一樣。」[2] 會中決定，以「新生活運動促進總會婦女指導委員會」為推動戰時婦女工作的總機構，統籌整合全國婦女工作。

全國婦女座談會邀集各黨派婦女領袖。宋美齡位於前排左六。

抗戰勝利後，蔣介石曾多次在廬山接受外國新任大使呈遞到任國書。一九四六年夏天，國共內爭激烈之際，美國總統特使馬歇爾曾八上廬山，試圖調解國共紛爭，避暑勝地成了中外矚目的政治舞台焦點。

廬山，見證著蔣介石政權的興衰起伏。

戰時中國第一夫人，角色寬廣多元。

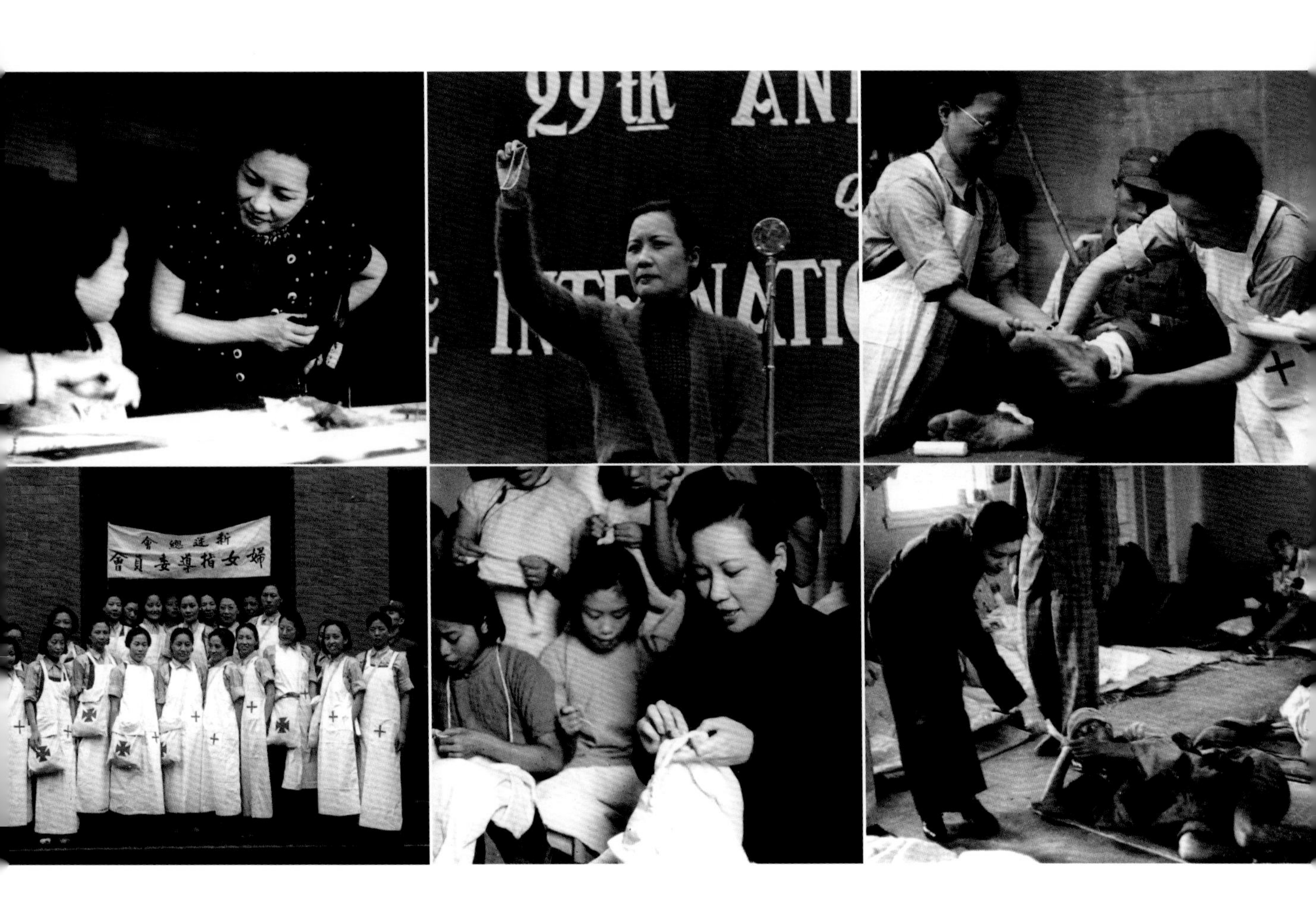
29th
新運總會
婦女指導委員會

蔣氏夫婦在廬山的教會，昔與今。

我們的外景隊來到了遐邇聞名的「美廬」，這是棟英國式的石砌兩層樓房，屋主原是英籍的赫利女士，一九三四年轉贈給宋美齡，成為蔣介石夫婦心愛的別墅，經常來此避暑，當時是一處禁苑，終年掩藏在廬山的飄渺煙霧之間。一九三〇、一九四〇年代，許多重要的政治活動就在這棟小樓裡進行著。

美廬的樓房如今石壁攀滿爬藤，欄杆和窗櫺漆成綠色，園中植滿高挑的松竹，石板走道上的積雪將融未融。庭院裡有個防空洞，據說是抗戰期間依蔣介石的身高鑿建而成，但他很幸運地不曾使用過。院內左側一對連理共生的金錢松，又稱「白頭偕老夫妻松」，當年樹根曾經枯萎，樹葉變黃，經蔣介石囑人治療後恢復舊觀。我們來到廬山的這一刻，蔣介石離開人世已有二十八年了，獨留妻子宋美齡在遙遠的紐約——料不到的是，這也是宋美齡漫長人生的最後半年了。

一九四八年八月，蔣介石在別墅園裡的一塊天然巨石上以瘦金體題刻了「美廬」

蔣介石手刻「美廬」，昔與今。

兩字，既是讚頌「美麗的廬山」，也意指「美齡的別墅」。當時整個中國政經情況已經非常混亂，蔣介石和王雲五等人上山研討金元券改制的問題，不久他即離開廬山，此後不曾歸來；而宋美齡比丈夫晚幾天下山，臨行還去育幼院探望孤兒，為院裡添置了一些設備。蔣氏夫婦在廬山告別之幕，是由宋美齡拉下來的。[3]

一九五九年和一九六一年中共中央政治局常委會議在廬山舉行，毛澤東下榻美廬，這兒成為唯一國共兩黨領導人都曾住過的別墅。某日毛澤東遊山歸來，聽到院子裡有叮叮咚咚的敲打聲，原來是手下擔心毛澤東看到蔣介石留下的題刻而不悅，特地趁他外出時召來石匠鑿去刻字；想不到毛澤東見狀連忙制止石匠，表示這就是歷史，不能否定蔣介石在這兒住過的事實，但如今「美廬」兩字還是看得到毀損的痕跡。[4]

今天別墅樓房大門口貼有紅底金字的對聯「歷盡劫波兄弟在　相逢一笑泯恩仇」，橫批是「天涯一家」；看在台灣來客眼中，想到一甲子以來台海兩岸的分合恩怨，不知是否真有相逢而笑的一天？

蔣媽媽

閻沁恆今年七十多歲了，前幾年從政大歷史系的教職退休。他個兒瘦瘦高高的，戴著一付老式黑框眼鏡，話很少，看來有點拘謹嚴肅，但，只要提起早年在國民革命軍遺族學校的歲月，提起「蔣媽媽」，就觸到了他心底最柔軟的那個角落。

歷盡戰亂。

他的床鋪底層，至今仍墊了一條棉被，從遺族學校時代就跟隨著他，一路從大陸顛沛來到台灣，已有五十多年歷史了。為了讓「世紀宋美齡」的製作小組攝取鏡頭，閻沁恆開放了臥室，掀起了床褥，展示這條棉絮早已磨薄磨碎的被子。他的妻子在一旁開玩笑說：「他跟棉被比跟我還親呢！」

連年戰亂的中國產生了大批流離失所的難童，宋美齡特別關注他們，也是她的公衆角色中最具母性的一環。一九二八年宋美齡在南京創辦了國民革命軍遺族學校，撫育陣亡將士的子女；抗戰時期又設立了中國戰時兒童保育會，在全國各地成立了五十多所保育院，共約收容了三萬多名難童。

閻沁恆是山西沁縣人，父親是軍人，八歲時進入山西省兒童保育院，一九四八年進入南京的遺族學校。

遺族學校校址在南京城中山門外陵園區，占地兩千餘畝，在閻沁恆的記憶中，校園景色美麗如畫，猶如置身花園。學校招收中、小學程度的學生，師資優良，學用品皆由學校供應。

這所學校的開辦費，由鐵道部長孫科從稅款中撥支，接下來的經費則由校董會籌措，實際上是由宋美齡負責張羅。經常有國外的政界、企業界或教會人士由宋美齡陪同來校參觀，往往就是她募款的對象。有一回天主教南京區總主教于斌陪同國外教會人士來訪，他的身材魁梧，聲音宏亮，閻沁恆特別記憶深刻。

某次法國雷諾公司的負責人到遺族學校參觀，當時雷諾剛研發出

昔日遺族學校的校界碑，如今保存在南京美齡宮。

原子筆，是全世界之先，負責人對宋美齡辦的遺族學校觀感良好，答應回法國後寄一批原子筆來送給學生，有多少人就寄多少支；閻沁恆很快樂地回憶道：「所以我們遺族學校的學生，是中國學生、也是中國人裡面第一個用原子筆的，每一個學生都有一支雷諾牌的原子筆，金黃色鍍金的那種。」

宋美齡經常自己駕著車，帶了一兩名隨從，不預先通知就來到學校察看，與孩子們同桌吃飯。閻沁恆那時已經十六、七歲了，還是非常想家，碰到蔣媽媽對他們噓寒問暖，心裡似乎也舒坦了些。

遺族學校有個特色，附設農場畜養了百餘頭進口乳牛，生產當時南京品質最好的牛奶，學生們每天有牛奶喝，比富家孩子還幸福；牛奶也對外銷售，為學校賺取經費。另外，宋美齡主張「教用合一」，學生們必須到農場實習，學得一技之長，以免成了備受呵護的貴族子弟。

「蔣媽媽」改變了許多孩子的人生。

閻沁恆很明白，他們這群孩子，雖然家境艱苦，能夠進入第一夫人創辦的學校，已是弱勢中的強勢，是幸運的少數。他說，「中央政府能做的是很有限的，蔣夫人做的也還是有限，民國三十七年，山西省保送到遺族學院只有十二個名額，我們山西省的軍人犧牲的何止十二家啊！可以說上千上萬都數不盡了。但對於許多有同樣命運的家庭，最少給他們一個信心，政府以及蔣夫人沒有把他們遺忘掉，她關心他們，如果照顧不到，那是因為她能力受了許多的限制。」

閻沁恆來到台灣後，在政府照顧下先後考進了台大歷史系以及政大新聞研究所，每年除了公費補助，還可以領取父親的撫卹金。留在家鄉的小弟，被打成了「黑五類」子弟，初中畢業後就開始做工，為家庭「贖罪」；小妹比較幸運，師範畢業後擔任小

學教員。近年閻沁恆與弟妹幾次相聚，他們從未在他面前訴苦抱怨，但表弟透露，弟妹當初境況最艱苦時，每天餓得沒有飯吃，靠親族接濟維生。

撫今追昔，閻沁恆面色凝重地說：「當年偶然的一個機會進入了蔣媽媽的遺族學校，就讓我和弟妹成了兩個世界的人⋯⋯。」

中國空軍之母

人們稱宋美齡為「中國空軍之母」，她則愛說「我的空軍」如何如何。她款式千變萬化的旗袍襟前，經常不變的是一枚中國空軍飛鷹胸章，那是她的愛與榮耀。

一九三六年，宋美齡奉蔣介石之命出面重建中國空軍，擔任「航空委員會」祕書長，原本會暈機的她，自此與空軍結下了不解之緣，也是她在戰時中國的重要參與。

宋美齡投入空軍事務之際，中國的空軍仍處於草創狀態，機少人乏，也欠缺實戰經驗，原本由義大利提供飛機和人員訓練，但成效不彰。抗戰之前，蔣介石夫婦巡視西北與華北，和共產黨四處作戰，又經歷了西安事變，在在讓他們警悟必須掌握制空權。蔣介石責成宋美齡重整空軍，一方面借重她的西方關係，另方面也因為飛機採購牽涉鉅額經費，必須托付給他能信賴的人。[5]

一九三七年宋美齡在＜航空與統一＞一文中點明，「一切促進中國統一的新發明，或許要推飛機的功績，最為偉大。」她表示，蔣介石委員長因職責所需，經常搭機飛越高山大川和廣漠平原，既節省時間，也比較安適，「凡是遠省的官吏，都能在他們自己的衙署裡會晤他們，替他們解決各種問題，打消他們的疑慮，宣示中央關切的誠意，這種飛行巡視，所貢獻於國家的功績，實在不是隨便可以衡量的。同時，全國地理和特殊情況的實際知識，凡是從前最高當局所沒法知道的，委員長因此也都能瞭然於胸中了。」[6]

宋美齡對於空軍事務是個實質的參與者甚至是決策者，她經常出席中美高階將領

中國空軍以及飛鷹胸章，是她的愛與榮耀。

會暈機的宋美齡，與空軍結下了不解之緣。

會議，對軍機採購、價格議定、機場建設等議題做討論和裁示。

一九三七年，宋美齡經中央信託局美國顧問霍柏樂(Roy Holbrook)的推薦，邀請美國退休飛行員陳納德(Claire Lee Chennault)來華協助空軍改造。陳納德與宋美齡的首度會晤十分有趣，他在霍柏樂的陪同下等待與中國第一夫人會面，「突然間，一個衣著時髦的年輕女孩走進來，極有活力和熱誠地表示歡迎，我以為她是Roy的朋友，所以坐著不動，但Roy戳戳我說：『蔣夫人，我可否介紹陳納德上校？』」來自德州的陳納德和英語帶有美國南方口音的宋美齡相談甚歡，他後來在日記上寫著「她將永遠是我心目中的公主」(She will always be a princess to me.)[7]。

陳納德幫助蔣介石評估中國空軍實力，建立了上海—杭州—南京的空襲預警系統，籌組美國志願隊（即一般熟悉的「飛虎隊」）協助中國對日作戰，創下了輝煌戰功。陳納德的溝通管道就是宋美齡，飛虎隊隊員暱稱宋美齡為「榮譽隊長」，宋美齡則稱他們「我的孩子」或「有翅或無翅的天使們」。一九四二年，美國在中國成立第十四航空隊，陳納德擔任司令，美國志願隊解散，但中國人民仍繼續稱他們為飛虎隊。

* * *

「世紀宋美齡」的外景隊，造訪了位於美國華府的陳納德大廈，陳納德遺孀陳香梅的「國際合作委員會」設立於此。從小就聽說陳納德和這位纖小中國女子的浪漫傳奇，如今，飛虎將軍離世已多年，我們來此探尋宋美齡與飛虎弟兄的一段因緣。

陳納德視宋美齡為永遠的公主，陳香梅的說法則是「蔣夫人很仰慕陳納德將軍」。宋美齡在中國軍人眼中是元首夫人，彼此相處起來難免拘束，但她與飛虎隊的軍官、參謀之間就自在輕鬆得多。陳香梅說：「美國人一看到她就說，妳真是漂亮啊！是他的公主啊！蔣夫人也是個女人嘛，也希望有男人

陳納德心目中永遠的公主。

宋美齡與陳納德一家。

讚美她嘛！所以她很喜歡那些軍方的人跟她做朋友，那些參議員對她也很多很崇拜的，這個對她也是一種補償吧！」補償什麼呢？陳香梅加了一句：「我想蔣介石這個人應該是沒什麼風趣的吧！」

陳香梅於一九四七年答應了陳納德的求婚，由於陳納德比她年長三十幾歲，她克服了許多困難才讓外祖父和父母親同意這門婚事，但陳納德說還要到南京去請示宋美齡。陳香梅回憶道：「我說，你一個美國人結婚還要請示她嗎？他說，我們在中國也是朋友，不願意好像讓她有什麼誤會。所以他親自到南京去見蔣夫人，把我的背景都向她講清楚，蔣夫人說她很贊成，我家的背景也是很好，她也送了很多厚禮來。」陳納德和陳香梅的兩個女兒，後來成為宋美齡的義女，並由蔣介石取名為陳美華和陳美麗。

陳納德一九五八年於美國病重，宋美齡親自從台灣赴美探望，在醫院逗留許久，陳納德對她講了許多話，宋美齡說：「你不要講話了，我來講好了，你講得太多了！」這位與宋美齡共同經歷戰亂歲月的飛虎將軍，十天後即病逝。

陳香梅辦公室的地下室，有個小型博物館，收藏了許多飛虎隊文物，昏暗的光線裡，相片中的美國飛官依然精神奕奕。玻璃框裡鑲著一塊白布，印有青天白日滿地紅國旗，寫著中文：「來華助戰洋人（美國）　軍民一體救護」；當年飛虎隊員的皮夾克背後都縫有這塊布，一旦飛機遭擊落，可以向中國人民求援。二戰時期的中美關係，就寫在這方寸之間了。

美齡宮

宋美齡一九二七年與蔣介石婚後不久，隨夫移居首都南京，直到一九三七年國民政府遷都重慶，宋美齡有十年的時間在南京經營她的天地。

我們的外景隊一抵達南京，就感受到石頭古城的泱泱氣派，寬闊平坦的四線馬路、巍峨的舊城門、高聳的梧桐樹，空氣中有一種舒緩篤定的味道。

中山陵的梅花正盛開，林蔭大道引領我們往孫中山陵墓拾級而上，踏在長長的階梯上，放眼望去是氣勢遼闊壯麗的紫金山，蔣介石曾經冀望百年後能與宋美齡共同長眠於此。[8]

孫中山墓室外遊人如織，忽地，我們看到了一群眼熟的台灣來客，有新黨主席郁慕明，有媒體女傑雷倩，有模仿「李祖惜」出名的侯冠群，原來是新黨代表團造訪南京；繫著黃色領帶的他們一字排開站在孫中山陵墓前合照，嗯，他們是孫總理的信徒，在這兒遇見他們，意外，卻一點兒也不突兀。我想起了當年新黨黨歌「大地一聲雷」響徹北台灣的日子……。

*　*　*

我們外景隊主要的拍攝目標是中山陵附近的美齡宮，一個最能夠標誌宋美齡貴族

宮殿的飛簷上只有鳳凰，沒有龍；坐南朝北，而非坐北朝南，顯示這是屬於領袖夫人的建築。

身段的遺跡。這棟仿古宮殿式建築，原名「小紅山官邸」，是蔣介石的別墅，民間稱之為「美齡宮」，早年是外人難窺堂奧的禁地，興建期間宋美齡投注了不少心力。若從空中鳥瞰美齡宮，恰似一串珍珠寶石鏈，盤山車道是珍珠串，綠色琉璃瓦宮頂的主樓則是一塊寶石。美齡宮的負責人告訴我們，宮殿的飛簷上只有鳳凰，沒有龍；坐南朝北，而非坐北朝南，顯示這是屬於領袖夫人的建築。

宮內採用美式擺設，私人禮拜堂「凱歌堂」最引人注目，日後蔣介石夫婦在台北士林官邸的教堂也沿用了這個名字。宋美齡的臥室，床頭一張巨幅彩色相片，是一九四三年對日抗戰勝利時她在美國捧閱報紙的畫面，報上巨幅的標題「COMPLETE SURRENDER」，回眸一笑的她風華正盛，洋溢著勝利者的喜

宋美齡的臥室。

她曾奔騰於中國大地。

美齡宮陽台圍欄上的漢白玉雕立柱。

悅。美齡宮大門口停駐著一輛老轎車，是美國通用汽車公司一九二〇年代的名牌轎車，流線型的外觀當年造型十分新穎，一九三〇年代由美國贈送給宋美齡，車號「軍00385」至今仍然保留著，還多次成為電視和電影的道具車。

宮內牆上有一幅紅色的手繪地圖，從中國到埃及開羅、印度新德里、美國紐約、加拿大蒙特利爾，標示著宋美齡一生足跡所到之處，最後停留在一張她一百零一歲生日的相片上。

不知這位前第一夫人，暮年居留異國的時刻，如何懷想她曾經縱情奔騰卻再也不曾歸返的中國大地？

美齡宮，最能標誌宋美齡貴族身段的遺跡。

【註釋】

1. 劉巨才，《世紀傳奇宋美齡》，（風雲時代，二〇〇二年），頁一五六至一六〇。
2. 宋美齡，＜婦女談話會演講詞＞，《蔣夫人宋美齡女士言論選集》，（近代中國，一九九八年），頁二二四。
3. 羅時敘，《夏都悲歌（下）江山如夢》，（風雲時代，二〇〇二年），頁三四九至三五二。
4. 羅時敘，《夏都悲歌（上）美廬似魂》，（風雲時代，二〇〇二年），頁八。
5. 林博文，《跨世紀第一夫人宋美齡》，（時報，二〇〇〇年），頁一三二至一三三。
6. 宋美齡，＜航空與統一＞，《蔣夫人宋美齡女士言論選集》，（近代中國，一九九八年），頁四八至四九。
7. Terry H. An derson，＜抗戰時期美國空軍志願隊的創建＞，《蔣夫人宋美齡女士與近代中國學術討論集》，（中正文教基金會，二〇〇〇年），頁二一七。
8. 民國二十三年七月五日蔣中正日記，《愛記》，卷九，國史館「蔣中正總統檔案」。

8 她之為女人

蔣夫人vs.宋美齡

浙江奉化溪口，蔣介石故居。

浙江奉化溪口小鎮，剡溪穿流而過，我們從小熟知的勵志故事即在這兒發生，據說蔣介石幼時就是在這溪邊觀看魚兒逆流而上，體會到逆境圖強的道理。他的老家豐鎬房在溪岸邊，我們的外景隊到達時，一批批遊客正好奇地四處張望，一個操著當地口音的女導遊眉飛色舞說道，當年宋美齡隨蔣介石回鄉，住在豐鎬房的西廂房，蔣氏的元配毛福梅住在東廂房，宛如東宮與西宮太后對峙，某日宋美齡醋勁大發，提著包包就走了⋯⋯。

說者煞有介事，聽者津津有味，但我著實懷疑這故事的真實性。據我所知，蔣介石應該不致如此「不智」，宋美齡隨他返鄉時，通常住在離豐鎬房十五分鐘腳程外的文昌閣；蔣介石有時會趁宋美齡晚起之機，悄悄去豐鎬房一探毛福梅，嚐嚐她做的家鄉點心艾青糕糰。

但，究竟宋美齡與毛福梅的關係如何呢？我也在心裡問著。

* * *

許多書籍都提及，一九二七年十二月一日宋美齡與蔣介石結婚當日，上海《申報》同時登出了兩則啓事，一是昭告蔣宋聯姻，一是蔣介石公開聲明已與元配毛福梅離異。竟有如此戲劇化的畫面！太合適電視節目的影像需求了！我決心找到這份報紙。

南京的第二歷史檔案館，典藏了豐富的中國近代史史料，我們調閱了一九二七年十二月一日的上海《申報》。

這一天，《申報》報導了蔣宋將舉行婚禮的消息，我們也看到了醒目的「蔣中正

溪口小鎮流傳著許多宋美齡的故事。

啓事」，表示將撙節婚禮費用和宴請朋友之筵資，籌備廢兵院，卻沒有看到所謂的離婚啓事。或許不是在這一天？我往前一天的報紙翻，沒有！再往前一天、再往前一天，一個禮拜之內的都沒有！難道是婚禮後才發布的？我往後一天報紙翻，再後一天、再後一天，接下來一個禮拜都沒有！南京台辦的丁先生，檔案館的奚小姐，也加入了考古的行列，往前又往後再細看了一遍，還是無所得。啊！顯然諸書所言皆有誤，而且一本引用一本，以訛傳訛；就像豐鎬房導遊的八卦故事，如何分辨真假虛實呢？

蔣宋喜帖。

不過，就在這翻前覆後的讀報過程裡，我看到了這場顯耀的婚禮如何極盡講究之能事，新娘的禮服樣式、新房的設置、禮堂的粧點布置、婚禮的程序、賓客的名單、女賓的穿著打扮，都在記者筆下鉅細靡遺描述著。當時上海中央大戲院正上映電影「馬永貞」，刊登了大幅報紙廣告，蔣宋結婚的紀念影片也成了加映片以招徠觀衆。

宋美齡嫁給了浙江奉化鹽商之子，展開不平凡的婚姻生活。

* * *

中央大戲院明日開映

唯一本地風光寫實電影 明星影片公司第卅六次出品

鄭正秋先生編劇兼說明

張石川導演 生平傑作

張慧冲主演 飾馬永貞

鄭小秋 飾拆白黨

王吉亭 飾白癩痢

趙靜霞 飾馬素貞

蕭英 飾柴九雲

馬永貞

加映 明星影片公司攝製 蔣宋結婚紀念影片

時間 日戲 下午第一次三點起 第二次五點半起 夜戲 九點一刻起

座價 日戲 正廳五角 樓廳六角 包廂八角 夜戲 正廳六角 樓廳八角 包廂一元

蔣中正啟事

廢兵院駐滬辦事處 金誦盤啟事

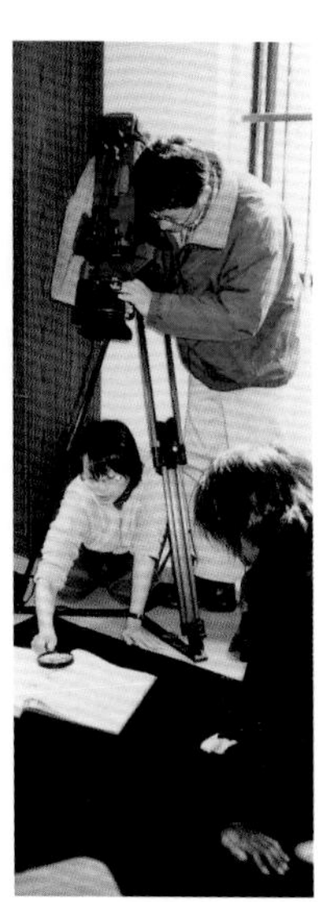

世紀婚禮，萬方矚目。

蔣介石和宋美齡，因何而結合？她是那麼一個出身優渥、飽受西洋文化浸染、個性活潑慧黠、與西方人士相處如魚得水的女子；他卻是傳統中國父權社會的產物，出身浙江小鎮的鹽商之戶，外表嚴肅僵直，有元配毛福梅，育有長子經國以及身世神祕的次子緯國，另有側室姚冶誠，還娶了年輕的陳潔如。蔣宋兩人的世界何止雲泥之別，她，怎麼願意委身下嫁這樣一個男子呢？

宋蔣兩人出身迥異，她為何願意委身下嫁？

人們總是快速而方便地貼上一枚標籤：政治婚姻！他當時是國民黨的日昇之星，炙手可熱的軍事將領，她為了家族利益和個人的權力慾望，當然要嫁給他。（藹齡愛錢，慶齡愛國，美齡愛權，說來多麼順口！）而他，看上了宋家的財與勢，為自己的政治前途盤算，當然也要想方設法結下這門划算的親事。

蔣宋聯姻，一加一遠大於二，形成龐大的政經軍事結盟，證諸日後之發展，無人能夠否認。但，我還是忍不住要追問，就只是如此嗎？

* * *

中國社科院近史所研究員楊天石曾經閱讀藏於南京第二檔案館的蔣介石早年日記，發現他有多面性格，既是追隨孫中山的革命者，也是上海洋場的浮浪子弟，除了元配和兩位側室，在上海還有一位過從甚密的青樓知己，名叫介眉。

蔣介石在日記中承認自己好色，但也自我辯護說，這是一個無聊者不得已的舉動，亦即，是他在事業碰到困難或革命不很順利的時候，一種精神上的自我安慰。

宋美齡乘筏游剡溪。

楊天石說蔣介石有著「天理與人慾的交戰」，既有荒唐的一面，也會管束自己，他是宋明理學的信徒，講究用天理克服人慾。比如去了青樓之後，當晚他就在日記上記自己大過一次；逛大街時見到漂亮女孩心動了，也記過一次。

經過長期的交戰，最後天理勝了，蔣介石對自己的生活開始有了檢點，他大約也是在這時遇見了宋美齡。蔣介石對宋美齡非常傾慕，情書裡表示「才華容德都使我念念不忘」，楊天石認為，這點應該是他倆婚姻的一個重要基礎。

* * *

台北國史館的「蔣中正總統檔案」庋藏了大批蔣介石的書信和日記，尤其《愛記》摘錄蔣介石日記中對家人、師友、同志情誼的記述，於夫妻關係多所著墨，我在其中讀

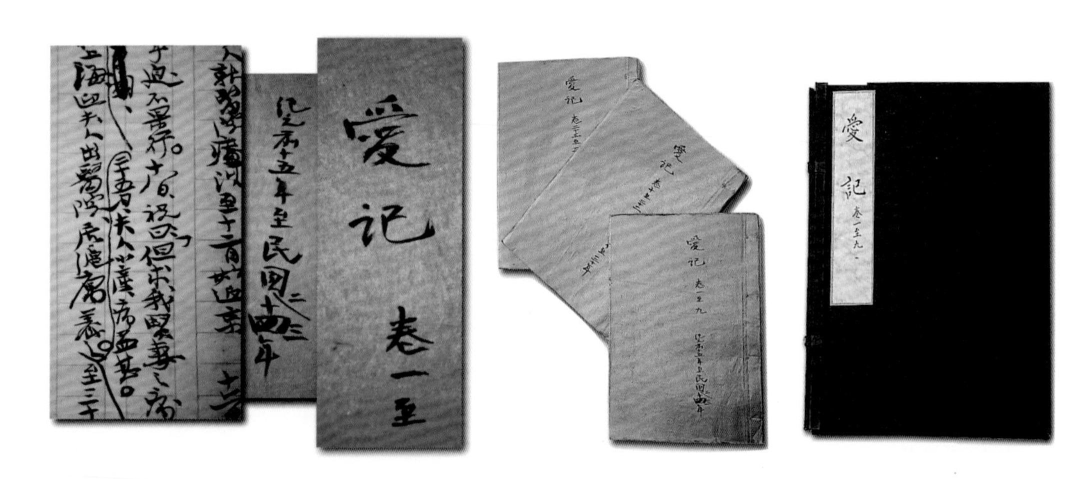

到他對妻子的繾綣依戀，用「跌破眼鏡」四字差可形容，大大改變了我對他倆婚姻的既有印象。可惜檔案中極少宋美齡寫給夫婿的書信，這方面的史料今安在，我也一直未找到確切的答案。

不知為何，蔣介石早期稱宋美齡為「三弟」，直到一九二七年八月訂婚後依然。這年九月二十八日，蔣介石赴東瀛，夜晚在船上連寫兩信給未婚妻，「不知三弟今夜能安眠否？」[1] 十月間在長崎寫的日記，「近日無論晝夜，心目中但有三弟，別無所思矣。」[2]

蔣宋舉行世紀婚禮當天，蔣介石寫下：「今日見吾妻姍姍而出，如雲霞飄落，平生未有之愛情，於此一時間並現，不知弟身置於何處矣。」[3]

蔣介石經常隻身踏赴征途，一九二八年他寫道：「夢中如與夫人同眠，醒後淒涼，嗚呼征人無家庭之樂，苦矣。」[4]

蔣介石與宋美齡婚後一直不曾生育，市井耳語傳聞甚多，《愛記》於一九二九年八月二十五日記載了「夫人小產，病益甚」；此事我前所未聞，也對他倆的夫妻關係提供了某種說明。

一九二九年，奔波於國內征戰的蔣介石寫道，「子文不肯籌募軍費，內子苦求，仍不允，乃指子文曰：如爾不肯募，則先將我房產、積蓄，盡交爾變賣，以充軍費。若軍費無著，戰爭失敗，吾深知介石必殉難前方，決不肯立人世負其素志，則我若不盡節同死，有何氣節？子文聞之心動，始允即日勉力募款。」[5]

一九四二年底，宋美齡才剛赴美治病兼訪問，蔣介石就寫信給她：「此時正下午六時半，寂寞難堪，未知吾愛如何情景。正如來電所言，遠隔重陽，不能翹翅飛美，聚首一室，舉杯互祝康健耳。惟禱上蒼保佑至愛，玉體早日康復，俾使即敘天倫之樂為禱。」[6]

蔣介石早年稱宋美齡「三弟」。

一九四三年六月三日，蔣介石給仍在美國的宋美齡發了一通電文，甚是有趣。

這一天，蔣介石在舊夾衫口袋發現了一紙文稿，居然是打算三月十五日祝賀妻子生日的電文稿，大吃一驚。這文稿是他赴貴州的早晨寫好的，準備到了貴陽後發出，印象中也已經交發了，怎麼此刻還在衣服口袋裡呢？蔣介石百思不解，經查，原來那天發出的是另一封電文，囑咐宋美齡如何對應英國外相艾登（Anthony Ed en）。他滿懷歉意地對妻子說：「竟將此預先準備之要電遺而未發，此乃近年辦事疏忽貽誤之一例，可知近來精神不如日也，抱歉何似。茲惟再禱上帝時時保佑吾愛，使吾愛身心康健，勝常而已。」[7]

反覆玩味著這封電文，我幾乎忘了寫信的是二次大戰統領中國戰區、外表嚴峻拘謹的蔣介石；收信的則是剛在美國掀起風潮、被稱為「地球上最有權力的女性之一」的宋美齡。回歸到世間人性，這不就是一個小心翼翼把妻子捧在手掌心，錯過了她的生日即惶恐不安，急著想法子彌補的尋常丈夫？

《事略稿本》也描繪了蔣氏夫婦的家居生活：「下午審閱戰報，批閱熊式輝所擬新剿匪手本稿，夫人在旁為公縫補。公認為夫人針黹女紅之精巧，比之夫人之文字思想更屬難能可貴，蓋以現代女子求之文字高深尚易，而求針黹與文字之全能如夫人者，實不多覯也。旋與夫人爐前談心.....忘病體之疲困矣，浴後，夫人盡心為公擦身敷藥，期公病之早瘳也。」[8]

* * *

宋美齡與蔣介石的婚姻，二姐宋慶齡曾激烈反對，認為他倆是投機的結合；思想左傾的宋慶齡對蔣介石觀感極差，與蔣氏夫婦愈行愈遠，姐妹情誼深受影響。但一九四〇年代宋慶齡對美國記者史諾（Edgar Sn ow）表示，「開始時他們的婚姻並不是愛情的結合，但現在我認為是了，美齡真心愛蔣介石，蔣介石也同樣愛她；如果沒有美齡，他也

宋慶齡認為，宋美齡和蔣介石的婚姻開始時並不是愛情的結合，但後來是了。

許會壞得多。」[9]

夫妻情感、婚姻內情，永遠只有當事人點滴在心頭，外人僅能從表象推斷臆測，而且也無權置喙；只不過，宋美齡和蔣介石這對第一夫妻的關係，不但動見觀瞻，有時也影響到公衆層面。

重慶時代，蔣介石傳出了若干桃色新聞。傳聞之一是，前妻陳潔如輾轉來到了陪都，蔣介石經常與她祕密幽會，但還是被宋美齡發現了。傳聞之二是，蔣介石與一位陳姓女子有了婚外情，宋美齡某日在臥室裡發現一雙陌生的高跟鞋，氣得扔出窗外，還擊中了侍衛的頭。傳聞之三是……。宋美齡為此與夫婿屢起勃谿，一不高興就往大姐宋藹齡家跑，甚至出國散心。

宋美齡與威爾基(左)有段韻事？

這些傳聞難以查證，但一九四四年某日蔣介石在重慶歌樂山官邸舉行的一場記者茶會，卻證實了無風不起浪。

據《吳國楨傳》指出，這場茶會只邀請了外國記者，不見本國記者，由吳國楨擔任即席翻譯。蔣介石講話時，神色緊張，不時結巴，寧波口音時時顯出，「蔣所談者乃關於他個人私事之謠傳......謠言產生乃在國外，謂蔣雖戎馬倥傯，而未忘情於自娛，前次蔣夫人出國，蔣即與一女護士結緣，並私生一子等語。蔣堅決否認，稱自與夫人結婚後，成為忠實基督信徒，從不犯姦淫罪。」蔣介石說得心中氣憤，面紅耳赤，口舌遲頓；吳國楨則翻譯得舌敝脣焦，心想為之潤色而口不從心，坐在台下的宋美齡對他的翻譯也面露不悅之色。[10]

至於宋美齡的情感生活，傳聞最盛的莫過於她與羅斯福總統特使威爾基的「風流韻事」。一九四二年威爾基銜羅斯福之命訪問重慶，進行戰時外交；傳聞中他在緊湊的行程裡偷空與中國第一夫人幽會，甚至驚動了蔣介石率手持自動步槍的士兵前來捉姦。

一九七四年，美國八卦專欄作家皮爾遜（Drew Pe arson）的日記成書出版，述及宋美齡這段緋聞，宋美齡聞訊大怒，指示我國駐紐約新聞處處長陸以正在美國各大報刊登啓事駁斥。陸以正認為這徒然擴大事端，非明智之舉，但他找到了當年隨威爾基訪華的記者柯爾斯（Gardner Co wles），問他傳言是否屬實，柯爾斯大笑說：「這是不可能的事，絕對沒有！」並且口述了一封信為證，簽字後交給陸以正。後來陸以正代表宋美齡對出版商提出訴訟，對方最後同意公開道歉，並承諾再版時刪除誹謗文字。[11]

想不到的是，一九八五年柯爾斯自己出版回憶錄，居然以見證人的姿態描述了傳言中的這段宋威桃色事件，再度掀起陳年話題。大陸學者楊天石曾經根據史料，為文批駁柯爾斯之言，認為柯氏的言行反覆是為了「商業價值」。[12]

*　　*　　*

她是幕後的蔣夫人，也是台前的宋美齡。

宋美齡之為女性，固然以「蔣夫人」的角色名留歷史，但她本身也絕對是獨立且獨特的個體。在我探索認識宋美齡的過程中，雖然有人對我說，「別忘了，她的一切都是在『蔣夫人』這個框架之下發生的」；我在許多地方查閱文字或影像資料，都必須在「蔣介石」的檔案之下尋找撥給「蔣夫人」的那一塊（台北國史館就是一例）；但我始終認為，宋美齡擁有只屬於她自己的基因與血液，終能發展出只屬於她的獨一無二的人生。她的婚姻固然給了她無人能及的權貴與寵賜，但卻是她的這個人，主宰自己的人生，將一切轉而為她所有、為她所用，把自我發揮到淋漓盡致。她藉婚姻進入權力的方式是傳統的，發展出來的權力格局和內涵卻是跳脫傳統的。

媒體人陳文茜形容得好，蔣介石的權力對宋美齡而言，就像水仙花的球莖，球莖原本不起眼，種到水裡開出來的水仙花，漂亮和芬芳卻是難以想像的。

一位不願具名的中美外交史學者，對我透露他研究過程中的一段經驗，頗能說明宋美齡這方面的特質。

這位學者長年居於海外，過去印象中，宋美齡不過是個睡絲綢床單、玩權弄術的貴婦人；一九九五年國史館的「大溪檔案」(即「蔣中正總統檔案」) 逐步開放後，他回台灣研讀一九四〇年代中美外交史料，起初重點當然是放在蔣介石身上，但看著看著，他發覺四處都出現了宋美齡的身影，讓人無法忽視她的存在，於是再轉過頭來，定眼注視著她，才發現她確實是個重要的外交人才，中國有了宋美齡，正如有了王寵惠、顧維鈞、吳國楨等人，值得專門為她好好做些研究。這位學者說：「如果沒有宋美齡，中國二次大戰期間的外交會相當不一樣。」

*　　*　　*

生為宋耀如和倪桂珍的女兒，宋美齡一出生就擺脫了箝制中國女性 (以及男性) 的種種傳統束縛，接受了西方主流文化的價值；在美國求學十年更是形塑她思想觀念的關鍵時期。

宋美齡擔心父母親主導她的婚姻，留美期間自己作主與一位中國男士訂了婚，一般認為，對方是日後擔任南京市長的劉紀文。這項婚約後來取消，但由此可見宋美齡對於婚姻自主的態度。

宋美齡與蔣介石的結合自始就被外界視為「政治婚姻」，她成為孔宋財團與蔣氏政權結盟的紐帶；但事情或許不該如此被簡化。其實，宋家三姐妹血液中都流著「崇拜英

項美麗所撰《宋氏姊妹》。

雄」的因子，大姐宋藹齡極早就擔任孫中山的祕書；二姐宋慶齡不但擔任孫中山的祕書，更在孫氏討袁失敗落魄流亡日本之際，奮不顧家庭反對，私奔日本嫁給了這位父親的好友。在當時戰亂頻仍、群雄並起的局勢中，掌握軍權的蔣介石展現的英雄魅力，想必也是吸引宋美齡的因素之一。

美國作家項美麗（Emily Hahn）在《宋氏姐妹》（*The Soong Sisters*）一書中指出，「美齡不會選擇一個她無法有所建樹的婚姻。她已經拒絕了許多男子的追求，與其像當時一般中國上流社會女性那樣落入自顧自的婚姻生活，她寧可維持單身。」[13] 婚姻是她選擇的一個跳板，讓她跳上了一座寬闊的舞台。她不會甘於只做個養尊處優的少奶奶，她要抓住上天給她以及自己掙得的機會，演出屬於自己的戲碼。自小父親給孩子的家訓「不計毀譽，務必占先」，宋美齡以行動來體現。

婚後三年，蔣介石受洗成為基督徒，其間宋美齡發揮了耳濡目染的影響力。中國最有權勢的領導人皈依基督，對西方國家尤其意義重大，宋美齡也成為美國教會眼中最有影響力的基督徒。

一九三六年的西安事變，宋美齡充分展現了獨立判斷、行動與承擔的特質，在危疑混亂的局面中，發揮了扭轉乾坤的力量。

婚姻給了她第一夫人的身分和機會，時代更為她搭建了風雲際會的大場子。抗戰期間宋美齡在中國內部扮演第一夫人的角色，致力於婦女組訓以及兒童保育工作，今天看來固然是元首夫人的制式任務，當時卻是開風氣之先。此外，蔣介石將重建空軍的任務交付給她，並非聊備一格，她是個主動而實質的參與者甚至決策者。

二次世界大戰爆發，原本獨立對日作戰的中國捲入了全球戰局；珍珠港事件發生後，美國與中國成為生命共同體，與美國淵源深厚的宋美齡，以中國戰區最高統帥夫人的身分在外交場域得到了絕佳的施展機會。

調解蔣介石（左）和史迪威（右）關係。

她是丈夫西方事務的啓蒙老師，是他對外的眼睛、耳朵和嘴巴，也是終身的參謀。蔣介石熟悉的是傳統中國的王陽明思想，對國際事務的理解有限，一生從未去過西方國家，若非宋美齡，他的國際觀絕對會狹隘得多。中國在蔣介石的統治下，對西方比較能溫和地接納，遠超過他本身的能力，這是宋美齡潛移默化的結果。

二次大戰期間，蔣介石和中國戰區參謀長史迪威，因個性和政治立場扞格鬧得勢如冰炭，宋美齡扮演了調解緩和的角色。相片中，宋美齡站在蔣和史這兩位軍服筆挺、性格強硬的男子中間，雙手親密地挽著他們，笑如春花，頗能象徵她所發揮的「夫人外交」。

一開始，她只是站在舞台的邊緣；慢慢地，她往舞台中間挪去；最後終於站到了聚光燈之下，擔綱演出。

一九四三年宋美齡在美國各地巡迴演說，爭取對中國抗戰的奧援，全程幾乎就是一場個人秀。她銜丈夫之命赴美遊說，期間蔣介石也透過各種管道傳達指示和提醒，但觀衆看到的是她隻身演出的璀璨風采。

宋美齡的公衆形象，即便對美國女性也是一種啓迪。二次大戰期間，許多美國男性被徵召上戰場，婦女也受到號召投入戰時工作，宋美齡為戰時中國奔走呼號的行動，成為女性的典範。她穿著長褲回母校衛斯理學院訪問，當時校風保守的衛斯理仍然禁止女生穿長褲，學妹們也想起而仿效宋美齡，校長說：「妳們如果像蔣夫人一樣聰明，就可以穿長褲了！」

*　*　*

冰雪聰明的宋美齡，非常清楚自己站在什麼位置，擁有什麼利基，毫不遲疑畏怯地充分運用，把自己施展得淋漓盡致。她有著剛強的意志和冷靜的謀略，但和西方人士尤其是男性打交道時，非常懂得發揮自己特有的女性魅力，談笑間就不著痕跡地完成了任務。她東方風格的服飾、親暱的肢體語言和柔媚的言語，不知征服了多少西方政界人士；我不只一次在書中讀到，Madame Ch iang把柔荑雙手放在男士膝上，輕聲對他說著

世間風景。

話……。

史迪威如此形容開羅會議期間的中國第一夫人：「宋美齡穿著一件繡著金色菊花的緊身黑緞旗袍，她的頭髮上和露出腳趾的高跟鞋上，用黑色絲帶打著蝴蝶結，她盡力以她那優雅舉止和旗袍開衩處一閃一閃露出的勻稱的腿來吸引與會者的注意。」[14]

一九四五年，美國五星上將馬歇爾奉杜魯門總統之命來華調解國共內爭，曾經八上廬山和蔣介石會談。當時擔任《中央日報》記者的陸鏗，一日在山路上巧遇蔣氏和馬氏夫婦，蔣介石牽著馬歇爾夫人的手，簡直就像端著個盤子，定定的，緊張得不得了，兩人沈默無語；反觀另一對呢，有時是馬歇爾牽著宋美齡的手，有時是宋美齡挽著他的手，一路說笑不停，輕鬆自在。到了野餐地點，陸鏗聽到蔣介石用那寧波腔問了一句：「Darling，我們在哪裡picnic？」

她有美麗，也有謀略。

美國哥倫比亞大學巴納德學院歷史系教授高彥頤（Dorothy Ko），以研究中國婦女史而知名，她由衷地說：「宋美齡未必會認為自己是一個女權主義者，可是她給了我一個革命性的啓發——我可以比男人更有權力、口才更好、更有謀略，可是也不必忽略我的女人特質，其實那也可以利用來成全我的事業。」

而我也好奇，以蔣介石如此一位傳統父權社會出身的中國領導人，如何看待妻子與西方人士周旋交際的角色？有人認為他是聰明的，知道美國人對他的評價不高，總是讓他那備受美國人歡迎的妻子以單身貴族的姿態赴美訪問。也有人指出，正由於蔣介石給予妻子如此開闊的活動空間，西方人對他個人的氣度和女權意識加了不少分。

她不吝於施展女性魅力。

她是蔣夫人，也是宋美齡。她擁有獨立的人格，充分的自信，能夠自己安排自己的人生，這一點，無論女權主義者或男權主義者都要羨慕她。

她的出現，或許是人世間的剎那現象，精采、奇異、獨一無二。人們無從效尤，只能遠遠觀望，驚異地，張口結舌地。

（本章部分內容曾刊登於二〇〇四年一月號台灣大學《婦研縱橫》）

宋美齡個性活潑慧黠。

【註釋】

1. 民國十六年九月二十八日蔣中正日記，《愛記》，卷三，國史館「蔣中正總統檔案」。
2. 民國十六年十月一日蔣中正日記，同前。
3. 民國十六年十二月一日蔣中正日記，同前。
4. 民國十七年三月三十一日蔣中正日記，同前。
5. 民國十八年七月十九日蔣中正日記，《愛記》，卷五，同前。
6. 民國三十一十二月一日蔣中正致宋美齡函，《蔣總統家書》，第五冊，國史館「蔣中正總統檔案」。
7. 民國三十二年六月三日蔣中正致宋美齡電文，《革命文獻》，第三十七冊，國史館「蔣中正總統檔案」。
8. 民國三十七年二月十四日，《事略稿本》，國史館「蔣中正總統檔案」。.
9. Edgar Snow，*Journey to the Beginning*，（Random House of Canada：1958），頁九九至一〇五。
10. 吳國楨手稿，黃卓群口述，劉永昌整理，《吳國楨傳》（自由時報，一九九五年），頁三九三。
11. 陸以正，《微臣無力可回天》，（天下文化，二〇〇二年），頁二四六至二五五。
12. 楊天石，＜關於宋美齡與威爾基的「緋聞」＞，《傳記文學》，二〇〇三年五月號，頁九七至一〇四。
13. Emily Hahn，*The Soong Sisters*，（Garden City Publishing Co.：一九四五年），頁一三八。
14. 楊樹標、楊菁，《百年宋美齡》，（江西人民出版社，二〇〇二年），頁一五〇。

孔祥熙 夫婦臥床

9 孔宋家族

愛國更愛家？

重慶南溫泉，孔祥熙公館。

位於重慶南溫泉虎嘯泉的孔祥熙公館，建在高高的半山腰上，「世紀宋美齡」的外景隊爬了幾百級陡峭迂迴的石階，氣喘吁吁上得來，放眼四望，山勢雄峻，茂林修竹好風光；據說當年國府財政部孔部長的家人都是搭滑竿上來的。

一棟陳舊失修的中西合璧樓房，現在成了破落的旅館，昔日的華麗旖旎混合著今日的塵垢和昏暗，有個乖巧的小姑娘招呼著客人。進門左邊是間私人歌舞廳，如今存放著孔祥熙夫婦鑲有金色繁複雕紋的眠床，水晶吊燈上結滿了蜘蛛網。另一間房內擺放著孔二小姐的大床，床的三邊鑲著鏡子。

踩著吱格作響的樓梯上到二樓，窗上的彩色玻璃在暈黃燈泡的映照下透著慘澹的俗豔，昔日孔家的大小廳房如今改裝成旅客房間，設備極為清簡，此刻空無一人，房內的電視機卻兀自閃著亮光和聲音，寂寥中透著一股鬼魅氣氛。我們又摸到樓房後側的孔家專用防空洞，當初為躲避日機轟炸而修建的，洞內設有廳室六間；導演文珍和攝影師以真講述著同業在金門防空洞拍戲的靈異傳聞，這兒，是否也有戰火冤魂仍在徘徊？

繁華落盡……

* * *

世人評斷歷史人物的功過，經常以「七三開」、「六四開」或「XX開」表示，毀與譽、榮與辱、光明與晦暗，必須持平看待。

宋美齡的親族，尤其是姐夫孔祥熙與哥哥宋子文的家族，在中國近代財經史上的種種爭議性作為，以及宋美齡在其中扮演的角色，是記述

孔祥熙權傾一時。

宋美齡這位人物極重要卻也極困難的部分。難在於有太多街井傳聞，無從分辨真偽；難在於國共鬥爭的政治糾纏，模糊了歷史真相；難在於錯綜複雜的財經專業問題，非一般人能輕易理解。

我從台灣方面的學者開始訪談，詢問了幾位研究財經問題的中國近代史學者孔宋

宋子文自視頗高。

家族在大陸時期的角色，得到的反應都很保留，紛紛表示自己不是專家，有人甚至顯得極為緊張警戒，格外讓我意識到這個問題在台灣的敏感。

中研院近史所研究員呂芳上告訴我，要持平討論歷史，往往需要時間與研究，孔宋家族成員雖曾擔任國民政府要職，但歷史學界對於他們的研究至今仍不夠深入，如果光憑政治性資料來瞭解，也將有所偏差。

我想，台灣和大陸的學者或政治人物，早年囿於或藍或紅的政治情勢，對於孔宋家族的功過或許都難有自由研究和論述的空間，我應該試著諮詢一些「中間地帶」的專家。

* * *

鄭會欣任職香港中文大學十幾年了，專門研究三、四〇年代國民政府的財經政策以及中外經濟關係，好幾位台灣的近代史學者推薦我訪談他。於是，二〇〇三年二月赴中國大陸出外景途中，我們特地在香港停留了六個鐘頭，走訪香港中文大學。

從明亮寬敞的赤鱲角機場搭上了計程車，我們一路讚嘆著香港的藍天、快節奏以及與台灣截然不同的都市景觀；此際，聽說有一種怪異的瘟病正在這兒流行著，我們渾然不知那就是不久後猛烈肆虐香港進而侵襲台灣的SARS！

鄭會欣在香港中文大學的中國文化研究所接待我們，夥伴們以最快的速度架好機器、打好燈光，立刻請他開始評述所認識的孔祥熙與宋子文。

鄭會欣開宗明義表示，一九三〇到四〇年代，孔祥熙和宋子文輪流主持中國財政近二十年，這段時期的財經若有建樹，他們確有其功；若有失誤，他們也難逃其責。

宋美齡與宋子安一家。

孔祥熙和宋子文，一是宋美齡的姐夫，一是宋美齡的兄長，兩人有很多相似之處。

孔祥熙曾赴美留學、信仰基督教，宋子文也受過完整的西方現代化教育；他倆輪流主掌中國財政經濟，一九二八年至一九三三年宋子文擔任國民政府的財政部長，其間兼任行政院副院長，一九三三年十月因為與蔣介石理念不合而辭去二職，由孔祥熙接任。孔祥熙手握財經大權，直到一九四四年底在遭輿論壓力下台，輪到宋子文再度上台，且達到仕途巔峰，任行政院院長。

左圖／前排左起：宋美齡、倪桂珍、宋藹齡。後排左起：蔣介石、孔祥熙。
中圖／宋美齡（左一）和宋藹齡（右二）。
右圖／左起：宋美齡、宋藹齡、蔣介石、宋慶齡。

孔宋家族的功與過，猶待史家深入評說。

宋子文。

但孔宋兩人的作風理念有所不同。孔祥熙的財政理念比較傳統，對於蔣介石也比較順服，與層峰關係融洽。宋子文相對來說比較西化，政策理念帶有自由化傾向，恃才傲物，與蔣介石之間時有摩擦。

鄭會欣指出，自一九二八年國民政府成立到抗戰爆發前後這段時間，宋子文和孔祥熙先後擔任財政部長，做了很多工作。比如，國民政府初成立時，財政收入只限於江蘇、上海、浙江幾個東南沿海省分，當時軍費開支很大，關稅基本上被列強以協定關稅卡死了，在這種困窘的局面之下，宋子文和孔祥熙先後進行了多項財經改革，比如關稅自主、幣制改革、清理內外債、引進外資、劃分國家和地方財政收支、建立中國銀行的制度等等，對國府財政挹注甚大。

「一般人認為一九三六年是中國近代經濟史上發展得最好的年頭，也可以這麼說，如果沒有孔祥熙、宋子文推行的一系列財政經濟的改革，後來的八年抗戰是無法堅持下來的；包括抗戰初期向外國借款、尋求援助等等，孔祥熙和宋子文的貢獻都是值得肯定的。」鄭會欣明確表示。

一般認為，一九三〇年代國民政府尚稱清廉，但到了抗戰的中後期，卻出現了「前方吃緊，後方緊吃」的種種腐敗現象，官員以權牟私，官商勾結，引起輿論強烈不滿，最終導致孔祥熙一九四五年下台，由宋子文接替。

鄭會欣說：「抗戰勝利之後，國民政府還都接收，出現很多腐敗的現象，宋子文應該是要負上責任的。」比如說抗戰中後期通貨膨脹已經發生了，宋子文下令執行了兩個很重要的法令——開放黃金市場和開放外匯市場，導致大量奢侈品湧入中國，套取外匯，短短不及一年內，中國的外匯存底從九億多美元降至一億多美元；這些外匯流失到哪裡呢？很多都是流入一些官僚經營進出口商品的櫃上。鄭會欣表示：「當然，我沒有證據說宋子文執行這個政策，是為了他們的親屬牟利；但是所造成的後果，確實是他們的這些親屬在中間謀得了私利。」

抗戰之前進口商品百分之八十是由外國洋行控制，抗戰勝利之後，外國洋行失勢，這時大量的進口商行就出現了，其中最著名的包括孔祥熙的兒子孔令侃主持的揚子建業公司，宋美齡的大弟宋子良開設的孚中實業公司，以及宋美齡的么弟宋子安擔任總經理的中國建設銀公司。

孔令侃、宋子良和宋子安等人長期居住美國，與美國的廠商取得了默契，戰後成為這些美國廠商的代理，獨資搶占中國的陣地，大量進口奢侈品，利用外匯在官價與市價上的巨大差額，套取外匯，贏得私利；原本為了解決通貨膨脹而開放黃金市場，結果非但無效，反而造成各地資金紛紛搶購黃金，通貨膨脹更加嚴重。國民參政會對此發出了猛烈抨擊，知名學者傅斯年發表了＜這個樣子的宋子文非走開不可＞，引起了廣泛迴響。蔣介石下令財政部和經濟部聯合徹查案情，但調查結果遲遲未公布，直到一九四七年七月二十九日南京《中央日報》揭發調查結果，掀起了巨浪。

*　　*　　*

一九四七年的黃金風潮案，為何會由國民黨的機關報南京《中央日報》披露呢？蔣介石和宋美齡對此有何反應？當時擔任《中央日報》副總編輯兼採訪主任的陸鏗，是

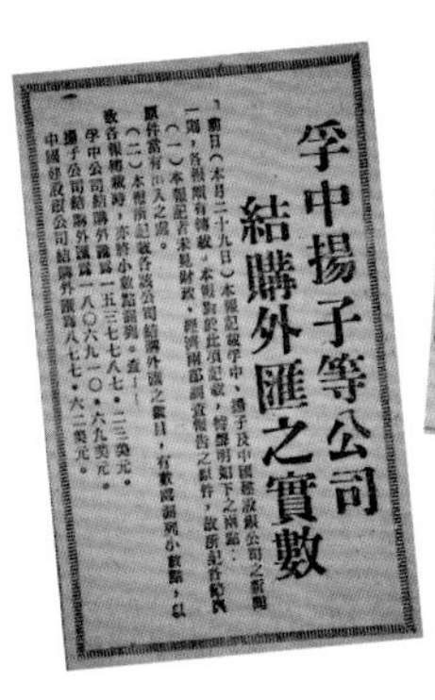

孚中揚子等公司
結購外匯之實數

孚中暨揚子等公司
破壞進出口條例
財經兩部奉令查明

南京《中央日報》揭發孔宋家族弊案，掀起巨浪，後又試圖轉圜局面。

第一手的參與者和見證人。「世紀宋美齡」採訪了這位白髮紅顏的老報人，他聲如洪鐘、唱作俱佳地重現了一段大時代的插曲。

這一年初夏，國民參政會在南京召開會議，參政員紛紛追問該案調查結果，財政部長俞鴻鈞表示要請示最高當局，引起參政會一片反感；當時旁聽採訪的陸鏗也極為不滿。陸鏗後來囑同事透過特殊管道從經濟部官員那兒取得了調查報告，當時還沒有影印機，報告送來報社後，陸鏗發給所有記者分頭抄寫，就這麼把新聞發排了。

一九四七年七月二十九日，國民黨的機關報南京《中央日報》，刊出「孚中暨揚子等公司　破壞進出口條例　財經兩部奉令查明」的消息，指出宋家的孚中公司與孔家的揚子公司，於一九四六年三月至十一月之間，藉政治特權向中央銀行結匯三億餘美元，而當時國民政府的外匯存底僅有五億美元。他們並且違反進出口條例，大量進口奢侈品，牟取私利。消息見報後，立即驚動四方，掀起了軒然大波。

宋美齡最愛的甥輩：孔令侃(左)、孔令偉(右)。

陸鏗對著鏡頭激動地說：「孔宋利用政治權力，貪污了國家外匯，當時全中國只有五億外匯的存底，孔宋兩家搞了三億三。你看看，唉呀！實在太不像話！」

據陸鏗所知，宋美齡當時人在上海，從英文報紙看到了這消息，立即打電話給蔣介石，用上海話罵「阿屎臭」，就是丟人現眼啦！被自己人的報紙攻擊啊！

宋美齡與孔祥熙（右）家族情感親密。

事情鬧大了，《中央日報》為了轉圜局面，一九四七年七月三十一日登出了一則啓事，表示先前的報導漏列了小數點，三億多元其實應該是三百多萬元，就這樣一下子縮水成了百分之一。

儘管如此，蔣介石仍然勒令手下徹查《中央日報》的消息來源，由中央宣傳部部長李惟果和中央宣傳部副部長兼《中央日報》總主筆陶希聖輪番盤問陸鏗，但他堅持不肯透露。陶希聖甚且警告陸鏗：「人，只有一個腦袋，沒有兩個腦袋！」陸鏗答說：「我知道人只有一個腦袋，但這個腦袋是可以不要的！」李陶二人無功而返，蔣介石遂決定約見陸鏗，親自問話。

陸鏗被帶到南京黃埔路蔣介石官邸，一進會客室，看到蔣介石在最內進的起坐室站起來，從一個白磁缸裡取出假牙裝上，穩穩地走出來，表情非常嚴肅，手一擺要他們坐下，劈頭第一句話就問陸鏗：「什麼人告訴你的？」

陸鏗心想豁出去了，對蔣介石發表了長達四十分鐘的高論，談到他在國民參政會所見，如何思考這事情，痛陳對時局的看法，特別提到他參加前線慰勞團，看到在河南前線與共產黨流血作戰的士兵連水壺都沒有，後方豪門卻是窮奢極侈，他還給蔣介石戴了一頂高帽，「我為什麼要用黨的機關報來揭發要員的醜事？因為只有這樣才能說明國民黨不同流合污，蔣總裁大公無私，因為他們都是你的親戚嘛！」但最後陸鏗表示，自己的動機雖是好的，作法卻是錯的，影響也是壞的，請求蔣介石給他最嚴厲的處分。

沒想到蔣介石站起來說：「我什麼人也不處分！我什麼人也不處分！」一個危機就此急轉直下，變成一個輕快的結束。

日後據陸鏗瞭解，此事所以逢凶化吉，一方面是因為已經引起了國際輿論矚目，蔣介石必須謹慎處理；另方面蔣介石原先懷疑陸鏗此舉涉及黨派鬥爭，與他會面後，排除了這方面的猜疑。

陸鏗記者生涯中的一場驚濤駭浪，見證了孔宋家族在那個時代的作為和社會觀感。

* * *

一九四六年夏天，正是國共鬥爭尖銳之時，蔣介石夫婦經常上廬山休假，也歡迎各國駐華大使上山，美國杜魯門總統特使馬歇爾為調處國共鬥爭，曾經八上廬山與蔣介石會談，蔣介石還特別為他準備了一幢講究的小別墅，上廬山成為那時候最時髦的活動，各大報記者自然也隨之上山執行任務，陸鏗是其中一位。

某日，眾記者在牯嶺小學巧遇宋美齡，大夥兒一擁而上。有位記者問，宋子文當行政院長還經營那麼多事業，兩者難道不衝突嗎？宋美齡怏怏地「教育」記者：「你們這些年輕人不懂，你看美國的大官，哪個不是從企業家轉過來的？大企業家入閣做官是很普通的，你們將來有機會到國外去看一下！」陸鏗如今回憶說，當時他們缺乏國際常識，不知道美國企業家當官以後是要辭去公司職務的。

陸鏗慨嘆，國民黨領導中國人民抗日八年，好不容易得到勝利，為什麼很快又在國共戰爭中落敗了呢？這與整個結構腐敗，非「法治」而是「人治」有關。「蔣夫人在這個問題上，沒有對蔣先生產生決定性的影響，遇到她自己的親屬心就會軟了、包庇了。她對中國的貢獻是了不起的，但遺憾地沒有幫助蔣先生打下法治的基礎，到最後成了爛攤子。」

*　　*　　*

一九四八年，國民黨與共產黨的戰事節節敗退，財經情勢也江河日下。為了挽救財經危機與社會人心，這年八月，蔣介石成立了經濟管制委員會，任命俞鴻鈞和蔣經國督導上海地區的經濟；蔣經國率領了戡建大隊，宣示要整頓上海的金融和物價，展開「打老虎」行動。

戡建大隊逮到了一隻「大老虎」，在孔令侃的揚子公司查到了棉花、紗、布、鋼管、糧食等囤積品，下令查封該公司，逮捕了孔令侃。但是，孔令侃的小姨媽宋美齡出面干預，又驚動了當時人在北平督戰的蔣介石，孔令侃最後還是被釋放了。

這正是國共鬥爭的關鍵時刻，兩黨在東北戰場打得難分難解，蔣介石親自在北平督軍；但為了孔令侃的這個案子，蔣介石特地發了一通電報給上海市長吳國楨，告訴他揚子建業公司是一個民辦公司，監察委員不應去調查；並囑吳國楨轉告孔令侃聘請律師解決，也要他轉告蔣經國「勿使任何商民無辜受屈也。」[1]

香港中文大學的鄭會欣說：「為什麼在國民黨生死存亡的關鍵時刻，蔣介石在指揮前線的時候，還發了這個電報？我想這件事情對他來說也是一個生死存亡的關鍵時刻，因為這涉及他們的家族，整個的牽一髮而動全身！」

曾任上海市長的吳國楨，多年後在回憶錄中表示，你查不出揚子建業公司有什麼問題的，他們可以說我沒有犯法，都是在法律允許的範圍下進行的，為什麼呢？因為他們本身就是制定法律的人。比如說，若要套取外匯，需要外匯委員會的批准，而外匯委員會裡都是他們的人。比如說，進口外國商品必須獲得進口權，可是他們可以拿到額度，可以有優先進口權。[2]

蔣經國與繼母宋美齡之間原本就有一道鴻溝，他滿腔熱血在上海打老虎，卻因為她介入而草草收場，兩人之間埋下更深的心結，甚至影響了日後在台灣的互動。

陸鏗對「世紀宋美齡」表示，一九四九年他在昆明被共產黨逮捕入獄，獄中有好幾位打虎隊隊員，他們透露，當初在上海逮住了孔令侃，大夥兒士氣大振，連孔令侃都可以抓，那還有什麼人不可以抓呢！想不到某日蔣經國外出吃飯時，宋美齡過來把孔令侃帶走了，眾人不敢攔阻，蔣經國回來後全體抱頭痛哭。陸鏗說：「太慘了！太慘了！我覺得蔣夫人這種護自己家族之短，是她一個很大的不應該做的事。」

宋美齡（左一）和蔣經國（右三）存有心結。

*　*　*

蔣夫人宋美齡，二次大戰期間宛如中國對外代言人，她對國家的貢獻無人能質疑；然而，一觸及她的家族利益，就彷彿荷馬史詩中的戰將阿契里斯（Achilles）的腳後跟被箭射中，暴露了致命的罩門。

作家柏楊說，「若說宋美齡不愛這個國

家，我想也不應該這樣說吧！各有各的愛法。她覺得宋家必須要先穩定，宋家不穩定你國家怎麼穩定？而且，即便你國家強大了，如果我們宋家跑到門口去要飯，於我何益？所以她必須要使她自己的家族強大，她自己的家族強大之後，這個國家才有意義，否則再好也是別人的！」

中國社科院近史所研究員楊天石則表示，孔宋家族最使人們不滿意的，一個是貪污，一個是腐敗，一個是家族的裙帶關係；他們的貪污和腐敗，是國民政府在大陸失敗的一個很重要的原因。但是，「貪污和腐敗現象不是他們一兩個人的責任，這是一個總體現象。」

* * *

一九四九年四月二十三日，共軍渡江入城占領了南京總統府，國民政府的南京時代宣告終結。蔣介石已經在這年的一月引退，由副總統李宗仁代理總統職務。「世紀宋美齡」的拍攝小組進入了蔣介石當年的辦公室，直到今天，桌上的日曆依然停留在共軍占領總統府的這一天；牆上高掛的蔣介石肖像，依然全副戎裝英氣逼人。只是，曾經統御過這個辦公室以及全中國的他，終其一生，都沒有能夠再回來。

舊時英姿。

宋氏家族有毀有譽。

【註釋】

1. 民國三十七年十月十八日，蔣中正致吳國楨電文，《籌筆》，國史館「蔣中正總統檔案」。
2. 吳國楨口述，裴斐、韋慕庭訪問整理，吳修垣譯，《吳國楨口述回憶——從上海市長到「台灣省主席」(1946-1953年)》(上海人民出版社，一九九九年)，頁六九。

10 她與經國

「惟一的母親」

浙江奉化溪口的剡溪。

白牆黑瓦的屋舍倒影在剡溪中，浙江奉化溪口小鎮的景致有如一幅水墨畫，神似電影「臥虎藏龍」的場景。倚著山丘的一座小洋房，風格特別不同，蔣經國早年居住在此。「世紀宋美齡」的拍攝小組穿過一座低矮的門，進得暗幽幽的房裡，四周牆上掛著蔣經國各個時期的相片；靠牆的地上，赫然一座刻有「以血洗血」四個大字的石碑，血紅色的瘦勁字跡，在闃暗的房間裡彷彿輻射出一道道淒厲懾人的光。

一九三九年十二月十二日，日本飛機轟炸蔣介石的家鄉，蔣經國的生母毛福梅罹難，被壓在蔣氏故居豐鎬房的斷垣殘壁之下。當時在江西擔任行政督察專員的蔣經國，聞訊星夜奔回故鄉，一進門就抱起母親遺體，嚎啕痛哭，悲憤中手書「以血洗血」刻在石碑上，置放於毛福梅遇難處。在蔣經國悲劇的一生當中，生母慘死是悲劇中的悲劇。

蔣介石與毛福梅婚後情感不睦；一九二七年，蔣介石為了迎娶宋美齡，更不惜與毛福梅離婚，這些都在蔣經國年輕的心靈留下創傷。蔣經國滯留蘇聯期間曾經發表公開信批判父親是「中國人民的仇敵」，並譴責他對母親暴力相向：「母親，您記得否？誰打了您？誰抓了您的頭髮，把您從樓上拖到樓下？那不就是蔣介石嗎？……」[1] 雖然蔣經國是在壓力之下才有此舉，但已讓蔣介石備極難堪。一九三七年蔣經國自蘇聯返鄉，毛福梅對兒子傾訴內心苦悶：「余一生受難受苦，為汝父也，為汝家也，為汝也。」

在這種情況下，以常情衡之，蔣經國痛惜母親所受之委屈，心有不平，與繼母宋美齡之間必定有所隔閡。加上他倆年紀僅差距了十二歲，以母子相稱不免尷尬。他們之間的關係究竟如何？這個敏感的問題，宋美齡和蔣經國不曾公開談論，過去的隨侍人員欲言又止，坊間的耳語流言則難以採信；但藉助一些文件和史料來烘托推敲，或可窺知一二。

＊　＊　＊

一九三六年十二月二十日，蔣介石猶困於西安事變之中，寫下了遺囑交代蔣經國和蔣緯國兩兒：「我既為革命而生，自當為革命而死，希望兩兒不愧為我之子而已。我一生惟有宋女士為我惟一之妻，如你們自認為我之子，則宋女士亦即為兩兒惟一之母。我死之後，無論何時，皆須以你母親宋女士之命是從，以慰吾靈。」[2]

奉宋美齡為「惟一的母親」，這是蔣介石對蔣經國的要求，而終其一生，蔣經國也都勉力遵從父命，無論內心有多少矛盾掙扎。

這一天，台北國史館副館長朱重聖為「世紀宋美齡」打開了平日緊閉的庫房，一窺珍藏的蔣介石、蔣經國家書。朱重聖曾經耙梳了一千八百餘封蔣介石、蔣經國與宋美齡之間的往來信函，觀察體會宋美齡與蔣經國的母子關係。

一九三九年溪口家鄉被日軍轟炸後，蔣介石立刻拍發急電給人在贛南的蔣經國，告訴他母親下落不明，恐有不測，要他立刻請假回家應變。平日蔣介石給蔣經國寫信，落款都是「父母」兩字，含宋美齡在內；但元配遭逢變故的這一天，或許是情急，也或許是另有考量，蔣介石原先只簽了個「父」字，後來又另外補了個「母」字。[3] 這小小的動作，潛藏了什麼樣微妙的踟躕心情，頗耐人尋味。而幾乎就在同一個時候，蔣經國也從贛南拍了電報到重慶給蔣介石，表示敵機狂炸，故鄉住宅全毀，家中大小皆已無法尋覓，他將立刻回家料理一切。這時的蔣經國，依然恭謹守分地在信中稱呼蔣介石與宋美齡「父母親大人」。

左起：蔣經國、毛福梅、蔣方良。

朱重聖發現，接下來蔣介石給蔣經國寫信，只要是與毛福梅有關的，落款都只有一個「父」，不見「母」，可見他顧念兒子喪母的傷痛心情，不忍刺激他。另一方面，蔣經國給蔣介石的信上依然周到地稱呼「父母親大人」；而且在料理後事之餘仍向蔣介石和宋美齡報告，文昌閣雖然全毀，但是西文書籍安然無恙。文昌閣是宋美齡在溪口的居處，西文書籍當然更是只有她才會閱讀；蔣經國誠惶誠恐體恤繼母的用心，由此可見。[4]

一九四〇年，蔣經國想要紀念生母的冥誕，但或許因為顧忌宋美齡，不敢明白稟告父親，就假藉毛福梅與祖母王太夫人同日生辰的說辭，表示要為祖母過冥誕。蔣介石回電中則囑咐蔣經國，忌辰最好在相量岡舉行；而相量岡正是毛福梅遺體暫厝之地。[5] 朱重聖推斷：「蔣中正先生實際上就是背著蔣夫人告訴經國先生，你該怎麼樣去祭弔你母親。換句話說，這個時候的蔣中正先生，對毛夫人同樣地有點愧疚。」

朱重聖指出，抗戰勝利後，蔣家打算正式安葬毛夫人，但因著蔣介石複雜的婚姻關係，碑文如何題寫歷經了一波三折。起初蔣介石希望碑上題「蔣子經國生母之墓」，遣蔣經國去請黨國元老吳稚暉題字，吳稚暉一看勃然大怒：「什麼叫作生母？妾才稱作生母！這絕對不可以！」顯然這時蔣介石已認定宋美齡才是他的夫人。後來在吳稚暉的堅持下，碑上題的是「顯妣毛太夫人之墓」，還給了毛福梅一些該有的地位。

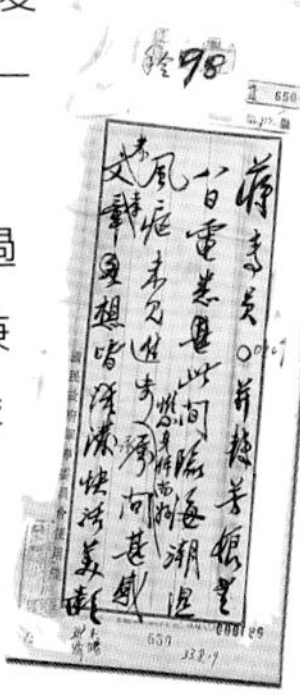

蔣介石一直希望拉近宋美齡與蔣經國之間的距離。朱重聖研讀檔案過程中，發現了一份奇妙的文件。一九四四年八月，宋美齡正在美國訪問兼養病，蔣經國突然接到一封她的問候電報：「蔣專員，並轉芳娘鑒（即蔣方良）：八日電悉。此間臨海潮濕，風症未見進步，惟身體尚好。……孝文孝章想皆快活。美齡。」蔣經國接到電報後，立刻去電蔣介石報告「頃接母親電諭」云云。[6]

朱重聖說：「經國先生不疑有他，覺得這封電報的的確確是蔣夫人打給他的，但妙就妙在，從電報的原件看來，字跡是蔣中正先生的！」換言之，蔣介石希望改善母子倆關係，假藉宋美齡名義發了問候電報，而且還是從美國發過來的，也算是為夫為父者的一片苦心吧！

*　*　*

奉宋美齡為「惟一的母親」，這是蔣介石對蔣經國的要求，終其一生蔣經國也勉力遵從父命。

蔣家這樣的權勢家庭，成員間除了有情感糾葛，更有權力互動的現實考量。宋美齡與蔣經國，一個是蔣介石費盡氣力贏得的顯赫妻子兼政治夥伴，一個是日後繼承父親權力事業的嫡長子，關係更是複雜微妙了。

資深外交官陸以正早年曾聽一位黨國大老透露，「經國先生是到了一九四三年以後，才開始喊蔣夫人『媽』的。」那一年，宋美齡隻身赴美國訪問，外交成就非凡，蔣經國或許體認到終究不能不接受這位繼母，於是開始喊她媽。

而根據朱重聖的觀察，大約自一九四八、一九四九年起，宋美齡給蔣經國的書信電報，逐漸開始落款為「母」；在此之前，多以「美齡」甚或「蔣宋美齡」自稱。

國民黨政府遷到台灣後，國際舞台日益萎縮，不復二次大戰全球四強之一的地位，宋美齡雖然依舊積極參與對美外交，揮灑空間卻大不如前。另一方面，蔣經國權力接班的態勢愈來愈明顯，蔣介石讓他在情治、國防、退輔、青年工作等領域磨練，累積資歷與權力，宋美齡與蔣經國兩人的政治影響力，開始有了消長。

以對美情治工作為例，曾任職美國國務院、著有《蔣經國傳》的陶涵（Jay Taylor）指出，早期蔣經國負責對美情治的基層業務，宋美齡則主導高層的政策與連絡工作，那時他們二人的目標一致，都是要強化與美國的合作關係。但是，一九五三年蔣經國訪美與中央情報局人員以及艾森豪總統會晤後，情勢有了轉變：中央情報局訓令在台負責人，開始將工作重點鎖定於蔣經國，往後以他為主要聯繫對象，宋美齡自此也就逐漸退出這塊領域。

蔣介石掛記妻子與長子的關係。

影響宋美齡和蔣經國關係的另一項因素是孔宋家族。一九四八年蔣經國在上海打老虎，逮到了一隻大老虎——宋美齡的外甥孔令侃，卻在宋美齡的干預以及蔣介石施壓下被迫鬆手，壯志未酬的蔣經國憤懣難消。來台灣後，宋美齡曾希望讓宋子文或孔祥熙出任政府要職，但蔣氏父子鑑於大陸時期孔宋親族造成的財經政治弊病，一直未讓他們涉足台灣政壇，為此宋美齡也與蔣氏父子產生摩擦。

蔣經國與宋美齡勉力維持著禮儀性的關係，很大部分是基於他對父親的體念。曾長期追隨蔣經國的前國民黨祕書長李煥表示：「經國先生對於夫人非常尊敬，因為他主張孝道，對他的父親非常尊敬，為了使父親安心，他對於夫人也是非常地尊敬。」

蔣介石晚年纏綿病榻，依然掛記著長子與妻子的關係。據宋美齡和蔣經國的來

第一家庭的成員，除了有情感糾葛，更有權力互動的現實考量。

往電報檔案透露，曾有一次蔣介石躺在床上緊握蔣經國的手說：「孝順汝母，則余可安心於地下也矣！」再將宋美齡的手覆蓋於蔣經國的手上，叮嚀說：「要以孝父之心而孝母。」蔣經國則回答：「兒當謹遵父命，過去如此，今日如此，日後亦永遠如此。」言罷父子相對而泣。[7]

*　　*　　*

一九七五年蔣介石過世，在黨、政、軍、情治各方面皆已歷練布局多時的蔣經國順利接掌大權。據李煥表示，此際孔令侃曾回到台灣，約國民黨祕書長張寶樹在圓山飯店晤面，問及黨領導人的繼承問題。張寶樹告以臨時中常會已經決定保留黨章中「總裁」一章，另設黨主席；全體中常委並已簽名，共推蔣經國擔任黨主席，孔令侃聞言說了一句：「這麼快就決定了嗎？難道這是天意嗎？」孔令侃此言，究竟意指為何？他對於蔣介石身後的人事布局，原先有何期待？的確頗耐人尋味。

夫婿過世後，宋美齡移居美國，避開了繼子主政、她退居邊緣的尷尬局面；但兩人函電往返頗為頻繁，每遇重大事件，蔣經國也都向宋美齡稟報。

一九七八年底，美國卡特政府宣布即將與中華人民共和國關係正常化，與中華民國斷交，台灣遭受重大的外交挫折。蔣經國派外交部次長楊西崑赴美談判，那時住在美國的宋美齡，對這項變局極為關心。

據陶涵表示，宋美齡召楊西崑到紐約，告訴他孔令侃將主導對美交涉，楊西崑拒絕了，但宋美齡仍然積極運用她在美國政界的人脈，冀望以強烈姿態制止卡特政府的斷

左起：蔣孝章、宋美齡、蔣方良

宋美齡與孫輩。

交行動。然而，蔣經國認為這種策略對台灣並非有利，甚至可能導致嚴重危機，他採取的是比較緩和的外交手段。

最後，楊西崑迫於現實，委屈求全，談判達成台灣與美國之間非官方架構的協議，美方設立「美國在台協會」，台灣駐華府辦事處則稱為「北美事務協調委員會」。楊西崑任務結束返回台灣時，蔣經國親自到機場迎接表示支持。

宋美齡認為如此協議有損國格，極為不滿，以嚴厲口吻致電蔣經國：「余向來對銖細末事，均可採取或容納中外及各方意欲，惟對中華民國之存亡大關鍵，無可圓融，志不可奪。」[8] 接下來很長一段時間不再致電蔣經國，蔣經國則頻頻去電宋美齡請求諒解，大約五個月之後，宋美齡的氣消了，才又恢復給蔣經國寫信。

蔣經國晚年諸病纏身，國事如麻，年邁的宋美齡對他流露出殷切關懷。過去蔣經國每接到宋美齡手書，必定以墨筆楷書親筆回信，但是自從左眼相繼玻璃體出血，視網膜剝離後，視力嚴重受損，只能以電報回覆，他為此屢次請求宋美齡諒解，宋美齡則安慰他：「我母子不必拘泥於此一形式。凡能節省汝目力體力，及增加汝之健康處，皆是對余之孝心切實表現。」

一九八六年，宋美齡回台參加蔣介石百歲冥誕紀念，又在台灣居留了下來。翌年，蔣經國也過世了。

* * *

我們的拍攝小組在國史館的庫房盤桓了整整一個下午，在成疊成堆的尺牘檔案間捕捉歷史，館裡早已過了

蔣經國和生母只有二十幾年的緣份，與宋美齡相處卻長達一個甲子。

一是蔣介石的顯赫妻子兼政治夥伴，一是繼承父親權力事業的嫡長子。

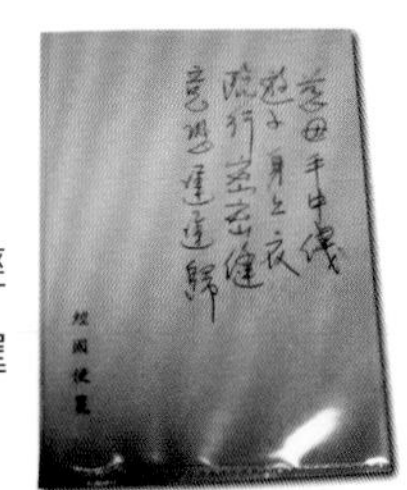

下班時間，該收工了，忽然在一個檔案夾裡發現了一張便條紙，是蔣經國的鋼筆字跡，「慈母手中綫，遊子身上衣，臨行密密縫，意恐遲遲歸。」

這＜遊子吟＞，蔣經國為何、為誰、何時寫的？我們無從得知。他與劬勞一生、命運悲苦的生母，聚少離多地只有二十幾年的母子緣份；但長達一個甲子，在錯綜複雜的情感與權力網羅之中，宋美齡是他「惟一的母親」。

蔣介石過世後，蔣經國掌黨政軍情大權，宋美齡隨即移居美國。

【註釋】

1. 王舜祁、胡元福，＜蔣介石的四房妻室＞，《兩代蔣母與蔣家父子》，王月曦等著，（傳記文學，一九九八年），頁三八。
2. 民國二十七年十二月十三日蔣中正日記，《愛記》，卷十五，國史館「蔣中正總統檔案」。
3. 民國二十八年十二月十三日蔣中正致蔣經國電文，《蔣總統家書——致經國公子》，國史館「蔣中正總統檔案」。
4. 民國二十九年一月五日蔣經國致蔣中正夫婦電文，《經國先生文電資料——經國先生上蔣夫人》，國史館「蔣中正總統檔案」。
5. 民國二十九年十二月七日蔣中正致蔣經國電文，《蔣總統家書——致經國公子》，國史館「蔣中正總統檔案」。
6. 民國三十三年八月十九日蔣中正代宋美齡致蔣經國電文，同前。
7. 朱重聖，＜親情、國情、天下情——蔣夫人宋美齡女士與經國先生＞，《蔣夫人宋美齡女士與近代中國學術討論集》，（中正文教基金會，二〇〇〇年），頁五六七。
8. 民國六十八年二月十日宋美齡致蔣經國電文，《蔣夫人在美與經國先生來往電報錄底影印》，國史館「蔣經國總統檔案」。

11 她在台灣

縮小的舞台

士林官邸，宋美齡書房。

尋找宋美齡，在台灣，我覺得她格外遙遠，格外難以捕捉。

與在美國的經驗很不一樣。那兒，Madame Chiang Kai-shek是一個清晰且受歡迎的存在；人們記得她少女時代的慧黠、二次大戰訪美的風光、喬治亞腔的道地英語，就像一個幼時領養的女孩，長大後揚名立萬，養父母也覺顏面有光。「世紀宋美齡」邀約美國方面的採訪對象，得到的反應總是熱情而認真，讓我知道，這是一個有價值的、不能等閒視之的題目。

美國國家檔案局、韋思里安學院、衛斯里學院、羅斯福圖書館……井井有條存放著大批宋美齡的文字與影音資料，即便人在台灣，只要上網、寫email，就可以搜尋、訂購或索取資料。我不禁慶幸，宋美齡早年活躍於美國，這個注重知識管理、資料典藏的國度，為她也為我們的節目保存了珍貴的歷史素材。

赴中國大陸出差，又是另一種體驗。原本我們不免忐忑，為如此一個國共鬥爭時期的敏感人物製作紀錄片，大陸官方會如何對待？受訪者會如何回應？後來發現，大陸台辦系統基本上採取了平常心，協助我們拍攝外景。我們所接觸到的官方或學界人士，對於國共兩黨的不同史觀，大都抱持 agree to disagree的態度；譬如，我在西安的楊虎城博物館，看到了這位西安事變要角的歷史評價與台灣南轅北轍，館內工作人員表示理解地說：「站的立場不同，看到的歷史就不同。」言罷彼此會心一笑。對於宋美齡，大陸人士一方面批判她的反共立場，另方面也肯定她在二戰期間爭取中國權益的作為，我看到了一個歷史形象谷底回升的宋美齡。

中國社科院近史所研究員楊天石，點出了蔣介石夫婦近年在台海兩岸歷史地位的消長：「原來大陸方面，對蔣介石夫婦的評價太低，把他們看成惡鬼，現在則把這個惡鬼提升為人。台北方面原來對他們的評價過高，認為是千古完人，現在則是把他們從神變成人的過程。」

值此「從神變成人」的時刻，我在台灣尋找宋美齡，有了個困惑而困難的歷程。

* * *

節目籌備期間，我接洽了多位中國近代史學者進行預訪，有些位婉拒，有些位勉為其難接受採訪，但都表示自己不是宋美齡專家。他們是有所顧慮嗎？是說客氣話嗎？或是我找錯了對象？直至中研院近史所研究員呂芳上的一番話，才稍解我的困惑：「這是研究兩蔣最光明的時代，也是最黑暗的

宋美齡的百年人生，在台灣轉折進入了下半場。

時代。」最光明，因為過去視為機密的關鍵史料（如「大溪檔案」，即「蔣中正總統檔案」）已經陸續解密；最黑暗，因為台灣在本土化趨勢之下，兩蔣研究並非顯學，已退居寂寞的邊緣，自然不容易產生研究宋美齡的專家了。

偏處於新店山區的國史館，是許多來台研究的大陸、香港或日本學者的朝聖目標，不厭其煩轉搭好幾趟車來此參閱「大溪檔案」。但這批史料似乎並未獲得台灣本地研究人員同等的青睞：「世紀宋美齡」製作期間，國史館最熱門的新聞是雷震檔案的出土。

我們的女主角綿長又廣闊的一生，沒有學者或專家或親友或舊屬能提供全面性的觀照；比方說，研究一九四〇年代和一九五〇年代中美外交史的學者，看到的就是截然不同的宋美齡。我意識到，必須從不同年代、不同面向著手蒐集素材，再像接鐵軌又像拼圖般，把宋美齡的完整面貌兜攏出來。

台灣當前複雜而兩極化的意識型態，也增添了我們約訪人物的困難。

二〇〇二年九月陳水扁夫人吳淑珍接受美聯社記者訪問，對於前第一夫人宋美齡的一番評論激起了海內外兩造輿論對峙，「颱風尾」意外地也掃到了「世紀宋美齡」。副總統呂秀蓮原本是我們規劃中的重要受訪者，因著她婦女運動先驅的角色、因著她對於女性參政的體認、也因著她能夠代表台灣本土聲音，但由於吳淑珍談話掀起的風波，素來與媒體接近的呂秀蓮三度拒絕了我們的訪談邀請。

本土政治人物中，前總統李登輝是少數曾與宋美齡交手者，蔣經國過世後，政權轉移期間與宋美齡有關的諸多傳聞，我們期待李登輝的說法；但雖經一再邀約，他始終未首肯。另一位政權轉移期的要角宋楚瑜則透過幕僚表示，他只與宋美齡見過兩次面，無法談論她，這樣的理由讓製作小組錯愕不已……。

*　*　*

宋美齡的台灣歲月，有個與蔣介石不一樣的開始。

國民黨失去大陸政權、蔣介石黯然來台之際，宋美齡正在美國奔走爭取奧援，但殘酷的現實是，與蔣氏夫婦親善的羅斯福總統已經病逝，新任總統杜魯門對國民黨政權觀感惡劣，宋美齡備受冷淡待遇，連曾與她在廬山攜手談笑野餐的老友馬歇爾，也託病迴避見面。一九四九年八月，美國發表「對華政策白皮書」，撒手不顧蔣介石。此時也有傳聞指出，孔宋家族成員多已避禍美國，宋美齡也可能滯留海外不歸，甚至已為蔣介石安排了後路。

在台灣重新開始。

一九五〇年宋美齡由美來台前，公開譴責英國與中共建交，也對美國民眾發表了告別談話；鏡頭中的她，髮絲被風吹得散亂，神色黯淡但仍力持鎮定，對照不過七年前她在美國巡迴演說的意氣風發，國府運勢之逆轉一目瞭然。

蔣經國親自到馬尼拉迎接宋美齡來台，她的「回到」台灣，對當時危疑不安的人心是種振奮，蔣介石甚至認為可以比擬她當年之奔赴西安營救夫婿。而宋美齡的百年人生，此後也轉折進入了下半場，一個縮小了的舞台。

一九五〇年六月韓戰爆發，扭轉了台灣的命運。美國和蘇聯兩大陣營對立，台灣在美國的西太平洋防線上居於樞紐，被納入美國的防衛體系，美國派遣第七艦隊巡弋台灣海峽，在台設立美軍顧問團，簽署中美共同防禦條約，為台灣安全撐起了保護傘，中華民國政府得到了喘息的機會。

對美關係依然是台灣生存發展的命脈，宋美齡依然是蔣介石對美外交的王牌。二次大戰期間，宋美齡的任務是爭取美國支持中國抗日，到了台灣，轉變成自由中國與紅色中國的競爭。美國政界、媒體界和企業界的親自由中國人士，形成了「中國遊說團」（China Lobby），

上圖/兩岸對峙時期。
下圖/一九五〇年，麥克阿瑟將軍訪台。

宋美齡來台後依然致力於對美外交。
左圖：一九五八年，宋美齡訪美，會晤美國總統艾森豪夫婦。
右圖：一九五三年，美國副總統尼克森夫婦訪華。

試圖影響美國朝野支持中華民國，維持兩國邦交，保衛中華民國的聯合國席位，宋美齡和孔宋家族成員在其中扮演了重要角色。但形勢終究比人強，退居台灣的中華民國，外交工作一年比一年吃力。

中研院近史所副研究員張淑雅指出：「台灣國際地位不斷下滑，整個局勢已經不是他們所能夠操縱的，再加上他們被美國的白皮書點名為貪污腐敗的獨裁者，名譽也不好了，所以其實對於外交上面，宋美齡能發揮的力量其實是非常有限的。」

台海兩岸軍事對峙時期，宋美齡曾參與「西方企業公司」的活動，這是韓戰期間美國中央情報局和台灣合組的情報機構，在中國大陸東南沿海進行游擊活動，最早是由宋美齡和飛虎將軍陳納德等人提議成立，宋美齡也成了台北方面的窗口。張淑雅表示，當時美國和台灣各有盤算，美方希望蒐集鐵幕內的情報，也給中共製造些麻煩；台灣方面則希望藉此進行敵後工作，一旦反攻大陸時能產生內應效果。

國史館藏有一卷「西方公司」檔案，我看到了美方人員寫給宋美齡的信，另有泛黃的心戰傳單、敵後工作人員繪製的大陸地圖等等；當時負責情治工作的鄭介民和蔣經國擬了一份報告，提及與美方研議之計畫，「擬先以少數軍火裝備，供應一小單位之游擊隊；如該游擊隊能在得到裝備後有所表現（如破壞鐵橋、鐵路及匪軍事設備）而能證實者，則第二批（五倍至十倍）之供應繼續運來；如再有證實之成績表現，則逐漸增加供應，以至美方可負責供應保衛台灣之任何裝備……。」

翻閱著這些文件，我看到了一個大時代的註腳，久違了的「反攻反攻反攻大陸去」

歌聲浮現耳際；今人看來幾乎是天方夜譚的口號，確曾有一個時刻，是認真的。

*　*　*

宋美齡將抗戰時期致力的婦女工作移植到了台灣，這回作戰的對象是對岸的中共；一九五〇年成立的「中華婦女反共抗俄聯合會」，簡稱婦聯會，是宋美齡在台灣權力和行動的火車頭，工作內容包括了勞軍、興建軍眷住宅、賑災濟貧等等。

設在婦聯會的縫衣工場，每天有將近兩百名義工踩著老式縫紉機，為軍人縫製衣帽、被單，宋美齡也曾親自出馬。婦聯會祕書長辜嚴倬雲回憶道，「我們一共縫製的軍衣有一千多萬件，可是我們不是專家，常常縫出來的帽子前面這葉子是斜的，口袋也是斜的，但那些阿兵哥非常可

婦聯會保留了宋美齡的辦公室，直到今天。

宋美齡將抗戰時期的婦女工作移植到了台灣，婦聯會是她權力和行動的火車頭。

愛，他們穿著覺得很光榮，出去告訴人家，說斜的都是婦聯會的傑作！」

事實上，為了瞭解台灣時期的宋美齡，婦聯會是「世紀宋美齡」製作小組第一個聯繫的單位，意外的是，歷經了將近一年的周折協調，採訪申請書以及訪問大綱往返多次，到了拍攝作業的尾聲，我們才如願採訪到了祕書長辜嚴倬雲。期間吳淑珍談話所引起的風波以及民進黨政府對於婦聯會產業的質疑，使婦聯會對於媒體高度警戒，也讓我看到，這個蔣夫人時代叱吒風雲的機構，在目前台灣的尷尬處境。

與振興復健醫學中心病童。

振興復健醫學中心也是宋美齡著力頗深之處。一九六七年宋美齡成立振興，主要是為了收治小兒痲痺症病童，提供外科矯治、復健護理、心理治療等，因應當時猖獗的小兒痲痺症。

目前任教於台大中文系的李惠綿，出生十個月罹患小兒痲痺症，全身重度殘障；一九七二年她從台南老家來到振興，接受手術和物理治療，扭轉了她的人生。這天，李惠綿騎著特製的機車，帶著我們的拍攝小組在台大校園尋覓適合錄影的地點，寒風裡，她說出了振興以及宋美齡對她一生的影響。

七歲到十二歲，李惠綿蹲著走路度過了小學生涯，剛進振興時，醫生宣布她必須終身坐輪椅，她瞪大了眼睛說：「我從台南來，離開我的爸爸媽媽，我來就是要走路，我不要坐輪椅！」醫生很驚訝，答應一試，為她開刀、物理治療、設計鐵鞋和背架；李惠綿一步步學走路，拐杖拄得腋下都皮破血流了，終於在一年後，她站著走出了振興。

個性倔強又情感豐富的李惠綿說：「每次在電視看到蔣夫人，或腦海裡浮現出她的形象時，我常會感動地流下眼淚。就是這個人，一個我從來不觸摸過的人，她為什麼可以扭轉我一生的命運？她跟我的關係是間接的，可是因為她創辦了振興，造福了我，對我變成一個直接的力量。她讓我走出爬行的世界，去創造自己的天空。」

李惠綿特別強調，小兒痲痺症對患者的影響是一輩子的，如果他或她活了六十年，那就是六十年的艱苦歲月，他的家庭也因此受到嚴重衝擊，衍生成巨大的社會集體狀況。小兒痲痺症於一九五六年至一九六六年間大流行，那時台灣的經濟、政治和社會福利建設都還很脆弱，對社會的衝擊可想而知，這也是宋美齡創立振興的時代意義。

* * *

早年台灣，蔣總統和蔣夫人是權威和神祕的象徵，甚至被神格化了，我希望能觸探他們的真實人性面。經由《美麗與哀愁》作者王丰的引薦，「世紀宋美齡」訪談了一位曾照顧宋美齡三年的護士J小姐，以及曾任蔣介石侍從副官的翁元，許多家居生活的真實點滴，勾勒出一個有血有肉的宋美齡。

You are what you eat.宋美齡的冰箱內容很能說明她的這個人。

J小姐說，宋美齡的冰箱裡有很多空運來台、一般人少見的水果，愛文芒果是她的最愛，可是由於皮膚過敏，一吃芒果就起風疹塊，有時她熬不住了，就吃半個，再趕快補吃一顆藥。J小姐向宋美齡學到了吃愛文芒果的方法：準備了小碟子、刀叉和餐巾，芒果橫切開，中間劃幾道，把果肉翻上來，再用叉子吃，既優雅又俐落。

宋美齡最奇特的嗜好是啃火雞骨頭，冰箱裡也總是藏有這食物。常常在夜深人靜時，她要J小姐去拿點火雞肉來，「在這個第一家庭裡，她吃骨頭我吃肉，很特殊！很奇怪！」

士林官邸的歡娛時光。

翁元則說，宋美齡的冰箱裡塞滿了官太太們送的巧克力糖，某次有位攝影師來官邸為她照相，臨走前宋美齡送了他一盒巧克力糖，可能因為擺太久了，他回

宋美齡對孔令偉(右)視如己出。

去發現糖都軟了，長蟲了。

宋美齡的倉庫裡堆滿了官太太們送的旗袍料子，她的專屬旗袍師傅一年三百六十五天都在為她縫製旗袍，即連宋美齡訪美時他也隨行，直到去世前，他還在做旗袍。

宋美齡畫眉的顏料是用私房配方調製的，把報紙燒了，油墨沈澱在小磁碟裡，就成了天然的畫眉顏料。

她愛看電影，尤其是西洋片，官邸裡常放映一些新聞局剛進口的片子，宋美齡看得津津有味，但因為還沒配上中文字幕，蔣介石就顯得興趣缺缺，甚至就閉上了眼睛。有時他們外出到日月潭或澄清湖，電影組也要跟著，因為宋美齡隨時可能要看電影，有時還要從台北飛車把片子送到台中，趕晚上七點半夫人看電影。

有時宋美齡人不舒服，但依然得會客，打扮妥當後還說「我好累喔！有點煩！怎麼還有約會！」可是她離開房間下樓時，還是抬頭挺胸，面帶笑容與賓客會晤。會客完畢回到自己的小空間時，她又喊著「我累死了！」

士林官邸有個特殊人物——與宋美齡情同母女的外甥女孔二小姐（孔令偉）。她是個「性別越界」的人物，從小女扮男裝，而且博學多聞、精明幹練，為宋美齡打點了許多官邸、振興復健醫學中心、華興育幼院和圓山飯店的事務。

翁元指出，孔二小姐儼然宋美齡的分身，宋美齡對她言聽計從，她也才能在士林官邸、振興、圓山飯店等處呼風喚雨。比如在士林官邸，幾乎沒有一個人敢惹孔二；在圓山飯店，她一走進來所有員工都不敢大聲講話。

「你想蔣經國總統在老總統面前，可說是一言九鼎，但到了孔二小姐的面前，他都要禮讓三分。原因在哪？因為孔二小姐後面有夫人，夫人的權力是先總統授與的，經國先生不想得罪孔二小姐，就是不想得罪夫人；不想得罪夫人就是不想得罪老總統。」翁元說得直率。

早年的台灣，士林官邸是神祕禁地。

* * *

在宋美齡孫媳、蔣孝勇遺孀蔣方智怡的引領下，我們的外景隊來到了士林官

女主人的身影仍繚繞在士林官邸的每個角落。

邸，這個往昔深不可測的神祕禁地，如今外圍花園已經開放，成了學童戶外教學和新人拍婚紗照的熱門景點。當年「御用」的教堂凱歌堂，現在一般民衆也可以來做禮拜了，前排空著兩張紅沙發，昔日宋美齡坐右邊，蔣介石坐左邊，主持過兩位蔣總統喪禮的牧師周聯華，如今已是滿頭白雪。

官邸正房如今依舊門禁森嚴，氣氛肅穆，管理人員和警衛恭謹地招呼「少奶奶」蔣方智怡，她對我們說：「我可是提著腦袋帶你們進來的唷！」

二樓宋美齡的書房兼畫室，壁爐架上擺滿了蔣家兒孫的相片，畫架上留有她的國畫作品，蔣介石題字曰──「風清時覺香來遠，坐對渾忘暑氣侵。乙未仲秋 夫人畫荷第一幅」。書櫃中多是英文書籍，我看到了Theodore H. White 寫的 *The Making of the President 1960*、Adam Smith 的*Supermoney*，還有David Kaser 的*Book Pirating in Taiwan*。宋美齡酷愛讀書，可以連續讀五、六個鐘頭而不倦。

穿過了一間粉紅色調的浴室，我們進入了宋美齡的臥室，她的床據說是上海時代的陪嫁物，鋪著湖綠色的被褥，我特別注意了一下床單，唔，是棉質的，不是傳聞中的絲綢床單！梳妝台上擱著一張美國韋思里安學院的證書，我們在上海宋慶齡的故居也見過韋思里安的紀念物，這是姐妹倆一個世紀之前的共同回憶。牆上一幅祈禱文讓我端詳許久：「God grant me the serenity to accept the things I cannot change; courage to change the things I can; and wisdom to know the difference.」(主啊，請賜我寧靜，接受我不能改變的事情；賜我勇氣，改變我能改變的事情；也賜我智

深受西方文化浸染的宋美齡，在國畫中找到另一種寄託。

慧，能識別兩者之不同。）

與宋美齡的臥室相連、僅以一道簾子相隔的，就是蔣介石的臥房。蔣氏夫婦生活習慣迥然不同，蔣介石是早睡早起的軍人作風，宋美齡則是不到深夜不入睡的夜貓子，這道簾子，就像是換日線吧！

蔣介石的臥室，看來簡單無奇，我問一旁的警衛：「老總統就是在這兒過世的嗎？」他警戒地說：「這個我不能講！」一句話讓時光倒流，我憶起早年的台灣，蔣總統的健康狀況曾是多少人臆測、憂慮的禁忌話題，曾有多少匪夷所思的傳聞流傳在民間；這位有人敬愛也有人憎恨的一世強人，就是在這個房間消磨許多力不從心的病中時光嗎？壁爐邊有張搖椅，蔣介石撒手西歸時，蔣經國就是坐在這兒痛苦地掩面哭泣嗎？宋美齡奮力挽救夫婿的生命多年，依然無力回天，她如何面對自己生命的變局？

離開臥室下階梯時，扛著笨重攝影機的以真踩著中間的斜坡而下，侍衛連忙制止而不成，原來那是蔣介石當年坐輪椅行走的無障礙走道，以真不小心踩了御用的走道呢！

陽台上留有兩張蔣介石夫婦心愛的搖椅，金黃色的錦褥椅墊已經殘破，依然並肩佇立，據說先前台北市政府接收士林官邸時，差點丟掉這兩張古董，被官邸工作人員及時搶救了回來。我們的導演文珍為了營造氣氛，一遍又一遍搖晃著椅子，捕捉那人去椅空的畫面。

搖椅晃著晃著，歲月飛逝又飛回。官邸主任錢義芳說：「我們目前還是二十四小時輪班，隨時準備夫人回來！」

12 臨去秋波

她的兩封信

陽明山中山樓。

當我從李煥手中接過那只看來平常無奇的牛皮紙袋時，興奮得雙手有些顫抖──袋裡是一九八八年春天宋美齡寫給時任國民黨祕書長的李煥的兩封信。

宋美齡是個愛寫信的人，這一路，我看過了她寫給蔣介石的信、寫給張學良的信、寫給蔣經國的信、寫給美國母校和校友的信、寫給廖承志和鄧穎超的信、寫給婦聯會、華興中學、輔仁大學……的信；作家平路甚至曾經以宋美齡一生寫過的各種或虛或實的信函，織成了小說＜百齡箋＞。

不過，在台灣人民的記憶裡，大概再也沒有比一九八八年一月權力更替之際宋美齡寫給李煥的那封信更為知名、更為驚動四方了！這信，連同不久後她寫給李煥的另一封信，此刻就在這只牛皮紙袋裡！這兩封信究竟內容如何，曾引起衆說紛紜，原貌一直不曾在媒體曝光，即便一九九七年我為李煥本人撰寫授權傳記時，他都沒有交給我。而此刻，他把台灣政治發展史上這兩件重要的史料交給了「世紀宋美齡」！

* * *

一九八八年一月十三日，蔣經國病逝，台灣結束了「蔣總統時代」。副總統李登輝依據憲法繼任總統，成為第一位本省籍總統。至於國民黨主席一職，當時黨內以及社會輿論也傾向由李登輝代理。國民黨內部依此進行運作，預定一月二十七日召開臨時中常會，推舉李登輝為代理主席。

就在此時，黨祕書長李煥接到一封宋美齡署名、一月二十五日寫的信，表示「為符合本黨黨章，莫若於第十三次全國代表大會開會時，由本黨全體同志遴選及表決主席

李秘書長勳鑒：元月二十四日來報奉悉。經國先生不幸逝世，其對國家及本黨之貢獻，乃盡其最大之努力，普海公認。尤不幸者，經國先生逝世正逢我推行三民主義統一中國之政策及設想，以及本黨整紀及推動黨務之再次強化尚未能開始邁步行之。再者，事實上經國主席因病纏身，輒不克出席主持常務會議，故由諸常委輪流代行主席職務，所慶者乃諸位常委均能盡責，無瑕疵可詬。為符合本黨黨章，莫若於第十三次全國代表大會開會時，由本黨全體同志遴選及表決主席人選。若是，則既可與黨章無所抵觸，且令黨員對黨中央辦事煜明磊落有所慰也。尚復，並請轉諸同志為荷。

即此順頌

黨安

蔣宋美齡 七十七年元月二十五日

老夫人寫給李煥的兩封信，掀起政壇滔天巨浪。

錫俊秘書長勳鑒：元月二十四日覆函悉。

齡先此提出基於原則性之畧意，當已明悉，本暫不擬再次重提，奈邇來市井之讒讖甚多，報章雜誌之胡謅誣論，所作種種之猜測、影射及曲解，自有糾正之必要。前函所言，以撲諸情理，十三屆大會距今僅五閱月，為時瞬息即屆，況中常會事務可循當年我黨

總理於民國十四年三月十二日逝世後，所實施集體領導為期十三年，直至民國二十七年全面抗戰，始由臨時全國代表大會遴選 總裁。在此十三年期間均為集體領導，並未設黨之領袖，而在黨之領導上未遭不能克復之困難，歷經北伐統一全國，訓政暨對迭年日本軍閥之強掠覬覦之困擾，直至抗戰政府設置漢皋，方開臨時全國代表大會，經一致擁戴 總裁為我黨最高領導人。

總裁於民國六十四年四月五日逝世，於四月二十八日召開國民黨第十屆中央委員會臨時全體會議，在第三次大會中嚴家淦等二十位常務委員連署提案，「建議中央委員會設主席一人，並為常務委員會之主席，一致公推蔣常務委員經國擔任」，該提案並經中央委員劉季洪等七十四位委員連署，而由全體中央委員舉手一致通過。凡 總裁及主席缺席常會，例由常委中一人輪流擔任行事。再者，我黨黨章第二十六條規定如下：「中央委員會委員互選常務委員若干人，組織常務委員會，在中央委員會全體會議閉會期間執行職務，對中央委員會負責」。在齡以為經國備位本黨主席，甫逝世且尚未安厝，即別出心裁，蓋凡事閎全黨之決策，應仍循既定慣例悄得全黨大多數黨員之裁定，如是既與黨章不悖，又可獲「開誠佈公」之擁護，豈非謹詮二得。齡已為數十年之國民黨員，先父親如公為 總理革命之夥伴，故幼時即受革命氣氛之薰陶，我黨之發揚廣大與否已嵌入我骨髓，念心之所謂危者，不可不諍諍言之，請將以上轉告本黨全體同志。國家幸甚，本黨幸甚。

即此順頌

公祺

蔣宋美齡 七十七年二月十九日

強人逝去，牽動了國民黨的權力變局。

人選」。這封信撼動了台北政局，讓國民黨決策高層陷入了猶豫焦灼，不知是否應該聽從老夫人的意見。

不過，一月二十七日的臨時中常會，還是通過了李登輝代理主席案；中常委們並沒有遵照宋美齡的意思，延到全國代表大會才決定主席人選；其中副祕書長宋楚瑜曾經強烈發言，催促儘早處理這個案子。國民黨從此進入了「李登輝時代」。

這場權力轉移過程的波折，對於習慣強人一元領導的台灣政壇，是前所未有的變局。當時政壇氣氛詭譎，人心震盪，有人甚至認為宋美齡的舉措等於一場宮廷政變。二月十九日，她再度致函李煥，駁斥輿論對她的批評。

*　*　*

事隔十五年，台灣已歷經翻天覆地的變化，社會氣氛的開放、媒體的大鳴大放前所未有，今天的年輕人們必定很難理解在那重重禁忌的時代，宋美齡的一封信曾如何翻騰四方，引起多少臆測和憂懼。

曾任台視總經理、目前擔任中央通訊社社長的胡元輝，一九八八年前後是《自立早報》的政治記者，他與胡星來聯手撰寫的系列報導＜歷史關鍵的十四天——國民黨權力變局紀實＞，揭露了這波台灣政治史上驚心動魄權力震盪的內幕。「世紀宋美齡」訪談了胡元輝，請他解讀宋美齡的信；也請他從今日觀點回顧宋美齡在台灣政壇的這場臨別之作。

身為資深政治記者，曾親歷當年的驚濤駭浪和複雜詭異，胡元輝對於宋美齡這兩封知名信函一直抱有高度興趣，也曾試圖尋找它們的下落；如今看到信件的廬山真面目，胡元輝顯得十分興奮，迅速而仔細地做了閱讀和分析。

宋美齡在第一封信裡，以國民黨黨章與黨史前例為由，主張將遴選黨主席一事延至那年七月的第十三次全國代表大會，由全體黨員選舉。胡元輝認為，國民黨中常會計畫於一月二十七日召開臨時中常會，推舉李登輝為代理主席，並未明確違反黨章或黨的制度，「歸根究柢，應該是宋美齡認為李登輝這樣一個本省籍政治人物，一路由蔣經國提拔到副總統，在黨內並沒有什麼她認為大的貢獻，也沒有廣泛的權力基礎，要由他來主掌黨務，她是不認同的。」某位與宋美齡接近的國民黨大老也曾告訴胡元輝，宋美齡對於李登輝接任黨主席一事，感受是「何德何能？」

Did Madame Chiang Try to Influence Kuomintang Politics, as Rumors Say?

11th-Hour Letter

國際媒體也關心宋美齡對台灣政局的影響。

宋美齡當時真的發動了一場復辟戰爭嗎？她有這個動機嗎？更重要的，她有這個能力和條件嗎？為何她的兩封信，就足以驚動政壇，讓國民黨要員陷入焦灼踟躕？時至今日，當一切已漸沈澱，當許多內情已陸續浮現，人們該如何看待那時候的宋美齡？

胡元輝指出，在那樣一個資訊比較封閉的年代，外界無法確知國民黨內部發生了什麼，權力核心的互動蒙著一層面紗，人們會有一種想像：以宋美齡過去曾經擁有的重要地位，此後是否也會繼續影響國民黨？也有人憂懼，這是否一個有系統的、由宋美齡和相關人士策動的宮廷政變？

宋美齡目睹了「李登輝時代」的來臨。

權力交替之際，前第一夫人動見觀瞻。

胡元輝如今回顧指出，其實，蔣介石去世後蔣經國正式接班，已經完全掌控了黨政軍情各系統，因此當蔣經國病逝，宋美齡即使有何主張，也缺少強固的權力班底助其實現。而且，宋美齡與台灣社會基本上是比較疏隔的，既未深耕，也未生根，儘管人們對於所謂的「永遠的第一夫人」有一種象徵性的想像，但她並沒有明顯的號召力足以鼓動人心。

胡元輝也點出，那是一個國民黨前所未有的權力變局，當強人驟逝，衆領導幹部都會思考自己的未來，也希望在這變動的棋局中卡到一個有利的位置，而宋美齡恰好投出了一個變數，每個人都從不同的角度來運用或理解這個變數，因而放大了宋美齡在這權力衝突過程中的影響力。

宋美齡認為當時最合理的權力安排方式，是集體領導或者輪流代行主席職務，但未必表示她自己有意擔任黨主席。然而她顯然有著強烈的想法，認為黨的發展跟她個人的未來休戚相關，她應該站出來表示意見。胡元輝也推測，這未必是宋美齡本人有什麼明確的主張，也可能是她身邊的一些人，如孔令侃、孔令偉、蔣孝勇等，對當時的情勢提供了某種解讀，促使宋美齡採取了這樣的動作。

胡元輝指出，如果比較公平地看待宋美齡，早期台灣人民對她並沒有太不好的印象，因為當時資訊封閉，而且她從事的多是一些第一夫人的禮儀性活動；但到了李登輝代理主席事件之後，由於她的舉措與社會趨勢相違逆，人們的確對她產生了比較負面的評價，也使得她與台灣社會更加疏離。

*　　*　　*

當年由蔣經國選擇的副總統李登輝，接任總統兼任國民黨主席後，與傳統國民黨漸行漸遠終至分道揚鑣，在國家認同上也另樹一幟，不少藍營人士如今回顧宋美齡當初對李登輝的疑慮，認為她確有先見之明。

前故宮博物院院長秦孝儀接受「世紀宋美齡」訪談時，激動地說：「這是蔣夫人的遠見，她認為這個一旦交給李某人是很大的危機、很大的危機！我想經國先生當年最大的失策，他要痛哭流涕的就是這件事！就是這件事！」

宋美齡的孫媳蔣方智怡則說：「很多人現在都說，喔，那時候為什麼沒有聽夫人的話？夫人用心在哪裡？我也不太想多講這個事情，因為講了我心會很痛，我真的會很痛，因為我瞭解夫人的用心在哪裡，可是很多人都沒有仔細地去聽夫人講話……。」

揮別台灣政壇。

*　　*　　*

一九八八年七月八日，國民黨召開十三全會，正式選舉李登輝為黨主席。宋美齡在李登輝的陪同下蒞臨會場，由李煥代為宣讀了「老幹新枝」的談話，提醒衆人「當思前人種樹，後人乘涼」，不要忘了黨國前輩的貢獻。她離去前，幾度回首揮著手絹向與會人士道別，在掌聲中緩緩走出會場，也走出了台灣的政治舞台，走出了這兒的是非恩怨。

資深媒體人陳文茜說，宋美齡的建議被國民黨中常會推翻了以後，自己也知道這個動作是錯的，就好像餐廳的廚房已經收攤了，有個貴族卻還想要加個點心，後來發覺這點心是白點了，她就說對不起，那我走了。「這部分你不能說她漂不漂亮，你只能說她比其他政治人物懂得識時務者為俊傑。」

*　　*　　*

二〇〇〇年，國民黨來到台灣的半個世紀後，首度失去了執政權。

那一年，蔣方智怡曾回台灣助選，但沒有投票，因為三月十八日投票日當天，恰好是宋美齡生日，她趕回紐約祝壽。蔣方智怡回憶，那天在紐約宋美齡住處進餐時，傳來國民黨慘敗的消息，但眾人都不提這事，也不知道宋美齡究竟知否。蔣方智怡說：「國民黨現在的情況，我相信夫人知道的，可是她只能在心裡祝福了，因為她所有的力量都盡到了，接下來是我們接班的人怎麼去做了。」

圓山飯店，曾經是台灣的地標，也是宋美齡的代表作之一，「世紀宋美齡」申請進入飯店內部拍攝大廳和國宴廳，卻遭公關部門擋駕，理由是「現在已經不是那個年代了，我們不願意圓山飯店再和蔣夫人劃上等號！」又聽說，飯店裡宋美齡常去做頭髮的那家美容院，也在一場祝融之災中毀去了。

二〇〇三年九月六日，國民黨中央黨部正舉辦「世紀之愛——先總統蔣公與夫人牽手相隨的歲月」圖片展，凱達格蘭大道上卻是參加「台灣正名大遊行」的龐大隊伍，激情的民眾一把扯破了黨部門口的布幕看板，徒留蔣介石夫婦巨大的身影在秋風中飄晃……。

13 很晚的晚年

「上帝留我到今天」

紐約長島蝗蟲谷，孔家老宅。

我們能見到宋美齡本人嗎？我們能採訪到她嗎？一個從清光緒年間走到阿扁時代的人瑞，腦海裡對這個世界存有什麼樣的圖像？她當初如何決定嫁給蔣介石的？她最記得羅斯福和邱吉爾的什麼？她那年對張學良有過什麼承諾？站在美國國會的演說台上，她緊張害怕嗎？她思念台灣嗎？思念上海、重慶或廬山嗎？她還有什麼未了的心願？她還穿三吋高跟鞋嗎？她還別著那只空軍飛鷹胸章嗎？她的蕁痲疹還是那麼惱人嗎？……

全世界媒體都期待她打破沈默。

製作「世紀宋美齡」紀錄片是樁高難度挑戰，挑戰中的挑戰則是，如何能親自採訪到女主角本尊？從節目籌備的第一天開始，製作小組的攻堅目標就設定於此。

我們接觸了許多位與宋美齡關係親近的人士，請求代為設法，結果都無功而返。婦聯會給我們的正式覆函表示：「為夫人書寫或口述紀錄、回憶錄等，均奉　示婉辭有案，歉難安排媒體或個人之訪問。」

宋美齡，中國近代史以及世界近代史的一頁，她的沈默讓這本史書遺漏了重要篇章；多年來世界各大媒體記者，如美國ABC的Barbara Walters，都曾提出採訪申請，甚至表示隨時待命，只要宋美齡一點頭，工作團隊立刻出動，但沒有一家媒體如願。「世紀宋美齡」期待自己是個例外。

紐約曼哈頓瑰西方場的九樓，我們的女主角是否正往外眺望？

她還有什麼未了的心願？

製作人樂群發過許多奇想：在紐約僱請個工讀生，每天在宋美齡公寓門口蹲點，以守株待兔方式等待她出現；每天送一百朵玫瑰花給老太太，打動她的心；……。我們期望二○○三年三月宋美齡一百零六歲的生日聚會上能見到她，那是她每年惟一次的公開露面。

二○○二年冬天，我和導演文珍第一次見到了宋美齡的孫媳蔣方智怡，在台北仁愛路她開設的美式安親班裡。那天她剛參加國民黨市議員競選的授旗儀式回來，一身紅色的運動服，看來年輕得出乎我意外，她帥氣的兒子蔣友柏也一起與我們會面，還帶我們參觀了安親班。

蔣方智怡對我們製作節目的動機、方式、採訪名單等等仔細詢問，語氣直率而戒慎，邊用鉛筆記下了重點。她答應稍後在舊金山接受採訪，但無法允諾安排我們見到宋美齡。蔣友柏在一旁用帶著美國腔的國語發表了許多意見，他表示，即便公視製作這部紀錄片是出於專業動機，但以台灣目前複雜的政治環境，難保不會被人利用，造成家屬的困擾，他們已經不勝其擾云云。看著這位蔣家第四代成員略帶激動的神態，想到他因特殊身世而必然有過的特殊際遇，有榮寵，也有驚擾，我萬分感慨。

*　*　*

雖然知道這趟旅程不太可能見著宋美齡，二〇〇二年十二月我們還是出發前往美國了，探訪她的早年，也靠近她的晚年。

班機在深夜飛臨紐約城，俯瞰萬家燈火，宋美齡在哪一盞燈後？已經安睡否？我已多年未訪紐約，此番重遊，雙子星大樓已倒，大蘋果歷經了一番浴火重生，宋美齡仍在。

機場冗長而嚴格的安檢措施，讓我清楚意識到這個國家的某一部分已經被賓拉登改變了。事實上，接下來兩個禮拜的旅程，我們這攜帶了大小攝影機、燈光、腳架、筆記型電腦等十幾件行李的外景隊，簡直是飛蛾撲火般，在美國各機場一遍又一遍招來不厭其煩的安檢，連未拆封的底片、衛生棉、鞋底都不放過，夥伴們一見到安檢人員，立刻自動繳械，全身以大字狀接受徹底搜查。

*　*　*

紐約長島蝗蟲谷孔令侃的別墅，是一棟三層的莊園式豪宅，連同外圍的私人林園占地廣達三十七畝，宋美齡一九七五年移居美國後主要居住在這兒。一九九〇年代她遷至曼哈頓，孔家一九九八年夏天將這棟老宅賣給了紐約地產商，當商人開放房宅供外界參觀時，蜂擁而至的華人驚動了當地居民。

這一天，紐約大雪後，我們的外景隊開向蝗蟲谷，在附近Albany上班的弟弟思齊也加入了陣容。孔家老宅位於樹林深處，小徑上積滿了厚雪，我們正陶醉於耶誕卡般的美景時，弟弟的車輪陷入了積雪，不停打滑，用盡各種方法都無法脫困，我怕耽誤工作，請文珍和以真趕快搭導遊老邱的廂型車離去，把握時間拍攝孔宅外觀。

過了半晌，來了位熱心的帥哥，三兩下幫我們把車子衝出了困局。帥哥名叫Joe，是宋美齡的老鄰居，在此住了二十八年，我請他談談Madame Chiang，他說不了，因為孔宅的現任主人已經很不高興他的大嘴巴了。

此時，小徑那頭來了兩輛警車，是老邱幫我們找來的救兵嗎？咦，怎麼老孔宅的現任主人也出來了？原來屋主發現文珍和以真扛著攝影機在附近盤桓，召來了警察趕人哪！這位年輕斯文的主人不悅地說，希望媒體能尊重他的隱私，上個週末才有一批記者來過呢！我問他是否後悔買了這幢名氣太大的房子，他倒說，No, I enjoy it.

一陣驚魂後夥伴們再聚頭，才知以真一時緊張，居然在老孔宅前摔了一跤，攝影機也受創了。大名鼎鼎的孔家蝗蟲谷老宅，絕對讓我們難忘了。

* * *

宋美齡近年居住的瑰西方場，位於紐約曼哈頓上東城，是棟外表一點也不起眼、但眾人皆知的高級住宅。我們站在樓下，冷冽的風中舉頭望著，一直以來苦苦追尋的女主角此刻就在九樓，離我們那麼近，又那麼遠。

如果這天宋美齡的精神正好，護士把輪椅推到窗前，她輕吟著喜愛的聖歌，望出窗外，東河就在眼前，河岸人行道上有人戴著隨身聽在慢跑，有人推著娃娃車散步；河的遠方，是壯觀的Triboro Br idge，是太陽升起的地方；隔著東河則是羅斯福島，白色的鴿群振翅飛起（會讓她想起老友羅斯福？）。

我們在紐約僱請的司機兼導遊小雷，在華人名流大戶擔任總管，是個機靈又細心的年輕人，開著一輛BMW「7」系列轎車為我們服務，他很能揣想宋美齡的日常生活——年紀大了，一天裡有不少時間是躺著休息，沒事時讀讀《聖經》，有事就先洗個頭準備見客。每天都有世界各地的親友舊屬打電話來問候，最近身體好嗎？都吃些什麼？下一餐想吃什麼？我問，宋美齡每天都在想些什麼呢？小雷說：「想『來生再幹』囉！不然還能想反攻大陸嗎？」

* * *

宋美齡在紐約度過的晚年，真的已經很晚了。想像著，開羅會議的四巨頭照片，羅斯福消失了，邱吉爾消失了，蔣介石也消失了，只有宋美齡還在。想像著，蔣家幾代在士林官邸拍的全家福，蔣介石走了，蔣經國走了，蔣孝文武勇也陸續走了，宋美齡還在。即連她最疼愛的孔令侃、孔令偉也都先她離世了。陳納德遺孀陳香梅對我們說：「人活到一百多歲，找誰去聊天哪？」

一九九五年，二次世界大戰終結五十週年，宋美齡這位碩果僅存的世界級領袖應邀到美國國會接受致敬。大戰期間，她的演說風靡了美國國會；蔣介石政權在大陸岌岌可危時，她訪美備受冷落；此刻她以九十八高齡，重遊舊地，用她那依然清晰優雅的英語發表談話：「今天與各位一同參加這項紀念二次大戰結束五十週年的盛會，不由讓我再憶起那場戰爭所帶來的悲劇，還有那血淚交織的日子，同時更不能忘記美國與中國人民並肩作戰所彰顯的道德勇氣。」

一九九六年蔣孝勇罹患食道癌，決定親自向高齡祖母報告。蔣方智怡回憶，那年五月他們夫妻倆到了紐約，當面告訴宋美齡，醫生研判癌細胞已經擴散，孝勇所餘時間有限了。宋美齡聞訊只說：「Eddie，我們基督徒凡事都交在神的手上，每天禱告，把一切交託在神的手中，神怎麼帶領我們，我們就怎麼去做！」蔣方智怡說，在那個面臨死神威脅的時刻，「阿孃」的話給了蔣孝勇以及她莫大的鼓勵。

蔣方智怡說：「夫人這一生裡送走的人太多了，她講過，我真的不瞭解為什麼上帝留我到今天，她說上帝在我身上一定還有一些事情是我還沒有完成的，等到我做完的時候，就會把我接到美得不得了的永生之地去。」

婦聯會祕書長辜嚴倬雲有一回赴紐約探望宋美齡，閒聊間宋美齡突然說：「倬雲啊，妳要對你的先生好一點，一個女人結婚了，如果夫妻是真情相愛的話，先生絕對是對你最好的一個人。」辜嚴倬雲說：「其實我對我先生很好，但我想夫人是有所感慨，

一九九五年，重回美國國會。

二○○二年，一百零五歲生日，最後一次公開露面。

想到先總統蔣公在的時候，兩個人的感情是多麼的深。」

辜嚴倬雲提及，曾有一次宋美齡返台，重回士林官邸，在蔣介石的房間流連許久，東摸摸西摸摸，可以看出她對夫婿以及舊時歲月的懷念。

宋美齡的生命與近代歷史緊緊相扣，但她晚年不接受任何媒體採訪，也拒絕寫回憶錄。她的姪兒宋仲虎曾經建議她把一生所見所為記錄下來，讓人們瞭解歷史真相，她說：「不必了，因為所有的事情都在上帝的手裡，總有一天真相都會浮現，既然如此，我又何必寫些什麼呢？」

風雪中寂靜的風可利夫墓園，等待著宋美齡?

走過了歷史的大風大浪，面對外界永不停歇的關懷、好奇、質疑或批評，到了很晚的晚年，「沈默」成為宋美齡最大的權力。哥倫比亞大學巴納德學院歷史系教授高彥頤說：「她整個形象進入了歷史的檔案，封條已經貼上了，沒有人有幫她加一章、加一條註腳的餘地。」

而我們製作「世紀宋美齡」紀錄片，正是與她的沈默進行一場拔河吧。

* * *

《跨世紀第一夫人宋美齡》的作者林博文告訴我們，宋美齡身後很可能葬於風可利夫墓園（Ferncliff Ce metery），這是位於紐約郊區的一座高級室內墓園，宋美齡娘家親人逝世後都葬於此。

這一天，紐約大雪紛飛，我們的外景隊來到了風可利夫，寂靜的墓園在無聲的積雪中更顯寂靜了。我們希望拍攝宋美齡未來可能的長眠之地，但唯恐表明來意後遭園方拒絕，於是決定「斬而不奏」，大夥兒齊心協力，把攝影機和腳架藏在厚重的雪衣裡，神鬼不覺地進入了墓園內室。

這是一座我前所未見的現代化墓園，只要在電腦裡輸入往生者的名字，螢幕立刻會顯示出他的厝放位置，還可以列印出地圖供指南呢；大部分靈柩都放置在大理石面的櫥櫃裡，少部分則擁有私人墓室。

與宋美齡最親近的孔祥熙、宋藹齡、孔令侃、孔令傑、孔令偉一家人在三樓擁有自家專屬墓室，擺放著黃色和紅色的菊花；緊鄰則是一間空的墓室，據瞭

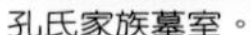

孔氏家族墓室。

解，這就是孔家為宋美齡預訂的安眠之地。而生前和孔祥熙、蔣介石關係緊張的宋子文，與妻子厝放在二樓的大理石壁後。宋子良夫婦的墓櫃也在三樓。我們一夥人，有的把風、有的掩護，文珍和以真順利搶拍到了畫面，衆人雀躍的神色實在不像該在墓園裡出現的。

而我，在墓櫃和鮮花之間梭巡著，望著落地窗框起的雪地美景，正是一幅安詳的畫面，這不大不小的一間墓室，真的就是宋美齡選擇的身後歸依之處嗎？這裡的確是富豪人家的五星級歸宿，但，比起蔣介石暫厝的慈湖，這兒少了一份莊嚴典雅；比起宋美齡父母和二姐慶齡安葬的上海萬國公墓，這兒少了一種恢弘氣派；比起蔣介石曾經希望的，兩人同葬在紫金山紫霞洞西側山腹之橫路上，那更是少了鍾靈毓秀之氣。

只不過，舉目望去，這兒恐怕是此刻最能讓宋美齡遠離政治恩怨、人心糾葛、世態炎涼的一角空間吧！ 𝒮

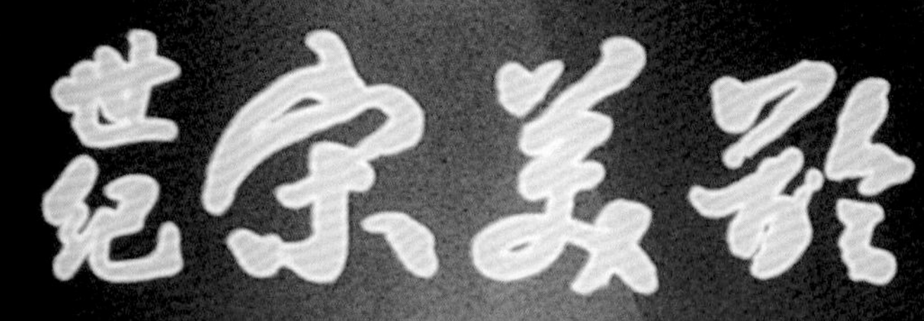
公視年度八點檔紀錄片
世紀宋美齡
A Legend Crosses Three Centuries
Mme. Chiang Kai-shek
10月15~17日
晚間八時隆重推出

14 旅程終點

不虛此行

「世紀宋美齡」首映。

二〇〇三年十月十四日凌晨五點，製作人樂群、執行製作玉麗和剪接師終於上好了節目第三集的字幕，拖著通宵未眠的疲憊身軀離開了剪接室。當天下午，「世紀宋美齡」試片記者會登場，剛出爐的節目熱騰騰地端到了觀眾眼前。

心情是忐忑的，十八個月孕育煎熬的成果，終於要公開接受檢驗；但沒有一刻我這般真切地告訴自己：「凡事盡心盡力，結果交給上帝。」

十月十五日節目首播，次日早晨，樂群發來了一通簡訊：「Nielson rating: 0.85, the highest for PTS documentaries.」最現實的收視率考驗，我們通過了。

但收視率並不是一切，還有許多其他考驗在等著我們。

一位國民黨黨工，看了節目DM上的用語「中國近代史最美麗、最具爭議的一章」，氣急敗壞地說：「你們這是中了共產黨的毒！蔣夫人有什麼爭議？」有觀眾在網路上指摘我們「採用國民黨的史觀」。也有人說我們「故意討好綠營」。一時之間，我似乎體會到了騎驢父子的處境，但這也符合了我們的初衷——不打算取悅任何黨派、任何人。

曾任宋美齡新聞官的陸以正大使打電話給我，他對節目的評語是：「It's even-handed。我想即使是蔣夫人自己看了，都不會有太多意見。」

媒體給了節目熱情的迴響，宋美齡成了談話性節目的人氣女主角，她的婚姻與感情、她的美麗與智謀、她的當權與失落等等人性化部分，最是讓話題熱絡；我在國史館翻閱《愛記》無意間發現宋美齡曾經流產一事，甚至以「祕辛」之姿登上了報紙的頭版提要。倒是，我在企劃撰稿期間花了大量時間心力處理的歷史性素材，如宋美齡參與的重大歷史事件，她的歷史定位，以及許多一手史料的發掘等等，似乎並不是媒體最有興趣的話題。

為跨越三世紀的女主角留下一張生命的光碟。

我和樂群、文珍出席了一場與政大傳播學院師生的對談，坐在大禮堂的舞台上，頭頂燈光照射著，望著台下的師生，聽著他們認真誠摯提出的各項問題，譬如，如何蒐集查證資料、如何決定採訪名單、文字與影像的取捨、節目的終極使命等等，我有了個機會跳脫開來審視自己走過的路。

我也曾是新聞研究所的學生，接受新聞理論和新聞規範的陶鑄，我也曾長期以所學所思來觀察評論各種媒體現象；如今，我將所學所思付諸實踐後，也成了他人觀察評論的對象。走過這段漫長的尋找宋美齡之路，此刻我對於理論與實務之間的分與合，多了一份瞭然於心的釋懷。

* * *

回想二〇〇三年三月，我們正在大陸出差拍片，宋美齡一百零六歲的生日快到了，我們依然不放棄爭取出席她的生日聚會，拍攝一手畫面。人在台灣的樂群負責與蔣

歷盡艱難，我們終於走到了旅程的終點！
（左起：鄭偉杰、林樂群、王瓊文、林蔭庭、曾文珍、彭玉麗）

方智怡聯繫，我們想著，一旦對方點頭，就直接從大陸飛紐約吧！樂群每天與我們通電話，但一直未傳來佳音，想不到的是，這一年也是宋美齡首度未在生日公開露面，聽說她感冒住院了。

我們在大陸出外景，沿途遇上風、雨、雪、冰、雹、霧，備極艱辛，重慶市台辦的李處長意味深長地說：「你們這次來，天候這麼壞，是不是老太太有事啦？」回到台灣趕製節目期間，我們又聽說，老太太當年在浙江奉化手植的一棵桃樹，最近死了。

而我們的女主角，竟然就在節目播出後一個禮拜離開人世了，才下檔的「世紀宋美齡」立刻日夜不停重播，加上其他電視頻道合法購買或違規使用者，我們的節目幾乎是鋪天蓋地向觀衆襲去。片尾白雪遍地、蕭瑟寂靜的風可利夫墓園，竟然真的就預告了宋美齡的人生終站。

如此玄異的巧合，知者無不嘖嘖稱奇。好心的朋友說：「蔣夫人大概是知道你們已經把紀錄片完成了，所以安心地走了。」戲謔一點的說：「你們的節目怎麼把她做掛了？」別有「用心」的朋友則說：「我最看不慣XXX了，你們也趕快幫他做個紀錄片，讓他早點掛了吧！」

依據「廣電人市場調查」所得的收視數據顯示，宋美齡逝世後三天內，共有六百萬名觀眾從各頻道收看了「世紀宋美齡」；亦即，台灣地區有四分之一的民眾收看了這部紀錄片。十月十五日至十七日的三集首播，加上十月二十四日宋美齡逝世後的重播，整體平均收視率達○．七一，瞬間最高收視率更攀升至一．二七。

二○○三年底，由《商業周刊》舉辦的二○○三年風雲商品票選活動中，「宋美齡紀錄片光碟與錄影帶」赫然與這年火紅的連續劇「台灣霹靂火」以及偶像劇「薔薇之戀」並列於文化商品類的候選名單！

長期耕耘紀錄片的樂群表示，「世紀宋美齡」創下了台灣紀錄片史上最高的收視率，而且是至今惟一有市場性、獲利最高的一部，過去的紀錄片往往是無法還本的。

* * *

觀眾的迴響常常是很有趣的。節目播出後，製作小組在永康街一家台式餐館喝殺青酒，服務生晃過來搭訕：「你們就是做『世紀宋美齡』的嗎？」她居然注意到了節目片尾的工作團隊名單，樂群打電話來訂位時被她認了出來！

一位任職媒體的女性觀眾，對宋美齡苦於蕁麻疹以致必須睡絲綢床單一事，特別感同身受，因為她自己就是蕁麻疹的受害者，邊說邊讓我看她手臂上、脖子圈上泛出的紅疹。

觀眾對她的故事有各種解讀。

樂群告訴我，「康熙皇帝與秦始皇看了『世紀宋美齡』之後，也大為驚豔！」原來是二〇〇三年金馬獎最佳影片「無間道」的大陸演員陳道明，來台參加頒獎典禮，買了「世紀宋美齡」的DVD帶回大陸，看了之後頗為肯定。

台灣人民對宋美齡有著複雜情感。

一位三十多歲、平日不太關心政治的女性朋友，看了節目後做了決定，二〇〇四年總統大選要投給民進黨！她說，宋美齡固然是個精采的女性，但這部片子讓她瞭解，那是從另外一片土地孕育出來的，屬於上一個年代；對台灣而言，宋美齡代表的確實是外來文化，甚至連戰、宋楚瑜等人亦是。這位朋友過去常覺得李登輝、陳水扁等人言行怪異，令人錯愕，但現在她明白了，其實這才是真正從台灣這塊土地生長出來的，雖然有時顯得粗俗草莽，但假以時日，應該會有所轉化。

* * *

歷經年餘的尋找和探索，要為宋美齡勾勒圖像依然困難；正如文珍所說，「我們所知的，遠遠少於我們所不知的。」我決定從三個面向呈現我所看到的宋美齡：「東方與西方」——發光發熱的外交活動；「奮起與挫敗」」——毀譽參半的中國歲月；「老幹與新枝」——日益退潮的台灣時期，以及尊貴而寂寞的紐約晚年。

公視網站的討論區，讓我們直接接收觀眾的迴響，從節目的史觀、訪談對象、節

一齣世間傳奇，劇終。

目長度、配樂、畫面使用到片尾字幕等等等等，都引起熱烈討論，其中不乏嚴厲批判和責難。身為企劃和撰稿人的我，面對觀眾的種種反應，一方面「有則納之，無則加勉」；另方面也「恨不相逢未播前」——我在企劃和撰稿過程中，經常慨嘆專家和知音難尋，資料難得，若能早些接收到這些訊息，豈不善哉。

*　　*　　*

公視的孫青副總初次見我時，口裡喃喃說著：「可憐哪！可憐！」對我這電視界的武陵人預告即將要來的辛苦旅程——她的預言沒有落空。

還記得從奉化往南昌的行程，我們連趕十一個鐘頭的路，勇猛的司機曹師傅跟它拚修改過無數次的節目腳本。

了，一直不願停車，衆人在溼冷天裡餓得發昏，途中遇上一個賣茶葉蛋的婦人，從窗口遞給了我們終身難忘的人間美味。我們在紐約碰到零下四度的大雪，但為了把握短暫的天光，每天天色微亮就得趕著出門拍攝，手指頭都凍僵了；不習慣雪地作業的攝影以真摔了兩次跤，扭傷了肩脖，寶貝攝影機也受傷不輕。到了喬治亞州時，行程極為緊湊，我們開了老遠的車趕到了傑斯柏森教授的住處，打燈光、裝機器，快手快腳地在二十分鐘内完成了訪談錄影，立刻又收拾裝備，飛車趕往機場轉向下一站。

紀錄片三集的腳本，共約三萬多字，我花了四個月的時間撰寫，恰好在SARS肆虐期間切實進行居家隔離。查查我email裡的寄件備份，第一集腳本共寄出了十次，第二集十一次，第三集十五次──寄出了幾次，就是修改了幾次。

二〇〇三年七月腳本完稿後，我的任務結束，偕母親和女兒飛往法國一遊，其他夥伴接棒進行後製作業。我的手機裡，至今還留著樂群八月七日發給我的簡訊：「剛看完第一集的帶子，非常好看，剪輯得也很好，你可以放心休假。」那時我正在坎城一家麥當勞裡躲避法國五十年一見的熱浪。另有一天，我正流連在充滿中古世紀風情的莎拉小鎮，手機響了，正在錄音室的樂群劈頭就問：「欸，妳寫『蔣介石苦苦哀求陳潔如退讓五年』，是他哀求了五年，還是要陳潔如退讓五年？」我答說是後者，他叫道：「嚇，老蔣欺騙了陳潔如啊？」

宋美齡紀念郵票。

導演文珍這一年來，看過了上萬張宋美齡的照片，摸熟了她的每一種表情、每一個角度；從七十幾捲拍攝帶以及無數資料帶中，剪出了三小時的節目。

這漫長艱苦的路途，我們終於到達了終點，聽到了喝采，也聽到批評，但回顧所來路，我幾乎要將一切歸於因緣際會——是這樣的一群人，在這樣的時空背景，以這樣的有形無形資源，得出了這樣的結果。我們沒有「春蠶到死」的纏綿，卻有「絲已盡」的徹底，我們已經將一切運用發揮到極致了。做得到的，是我們努力的結果；做不到的，是我們不能不承認的限制。

就這樣，我們的探索旅程幾乎與宋美齡的人生旅程同步抵達了終點。歷盡壯闊波瀾的宋美齡，不虛此生；我們這一路尋找著她，不虛此行。

｜後記｜

如果說，製作「世紀宋美齡」紀錄片，等於跟上帝搶時間，趕在女主角有生之年完成任務；書寫這本《尋找世紀宋美齡——一個紀錄片工作者的旅程》的過程，就像搭乘一列快速火車，兩旁驛站和風景閃速變換著：女主角走了，一個時代逝去了。「二二八」兩百多萬人牽手愛台灣；「三一三」三百萬人嗆聲阿扁。三一九槍擊案，凱達格蘭大道上一次次的藍色抗爭。陳水扁在藍綠緊繃情勢中就職。……到了列車抵站、書籍出版的這一刻，台灣已在二〇〇四年總統大選的激烈震盪後，留下了撕裂分歧的族群，混亂茫然的未來。歷史不僅已經翻頁，甚至更換了一卷。

宋美齡似乎離我們愈來愈遠了，身影愈來愈飄渺了，這樣的一本書記錄這樣的一段旅程，意義何在？然而我相信，正因為時代場景更換得如此快速，為歷史人物定格留紀錄格外有其價值，無論是用影像或文字。你可以傾慕宋美齡，也可以憎恨她所代表的政權，將來的主政者或史家也可能有無數方式來詮釋她和她的歷史；但無論如何都不能否認，這位中國史上最有影響力的第一夫人，曾經牽動你我父母甚或你我的命運，她的許多舉措和選擇，是今天這個社會之所由來。更何況，她的一生是如此戲劇化，如此不可能再有複製，且留下一則百年難見的人間傳奇吧！

除了「為歷史留紀錄」這看似高遠的心願，這本書也為我和工作夥伴留存了十八個月來的珍貴經歷，紀錄片裡不得不割愛的許多幕前幕後素材，得以藉文字保存。感謝公視給我的機會。謝謝樂群、文珍、玉麗、以真、瓊文和偉杰，我們曾經攜手同行的這一段歷程，甘苦備嘗，終身難忘。存放在我這兒的七十幾捲拍攝拷貝帶，以及大批相片，足供我們來日共翦西窗燭。

我要向天下文化出版公司的高希均教授和王力行發行人致謝，十多年來我在這個企業成長學習，他們瞭解我的志趣，給予我發展空間，即便我為了參與紀錄片製作而暫時離開工作崗位，他們也大度包容。感謝衆同事為我加油打氣，尤其是小玫，在我缺席時概括承受繁重的業務，如今又為這本書盡心盡力編輯，我常玩笑說，她是受宋美齡波及最無辜的「受害者」。

家人是我永恆的後盾。我的母親代我持家，更是我最忠實的觀衆與讀者；外子宗耀對我的專業工作永遠給予無條件的肯定與支持；女兒涵涵，容忍一個在她生日、在她第一次登台演奏鋼琴、在她氣喘重咳之際還是得狠著心出遠門採訪的媽媽。

謝謝我的摯友，清華、燕慧、瑞玲、孝如、宜芳；她們最知道，這一路的跋涉，對我有多麼重大的意義。

製作紀錄片，再提筆成書，這尋找宋美齡的旅程，我如此走了兩遍。

【附錄】

| 附錄一 |

宋美齡重要親族表

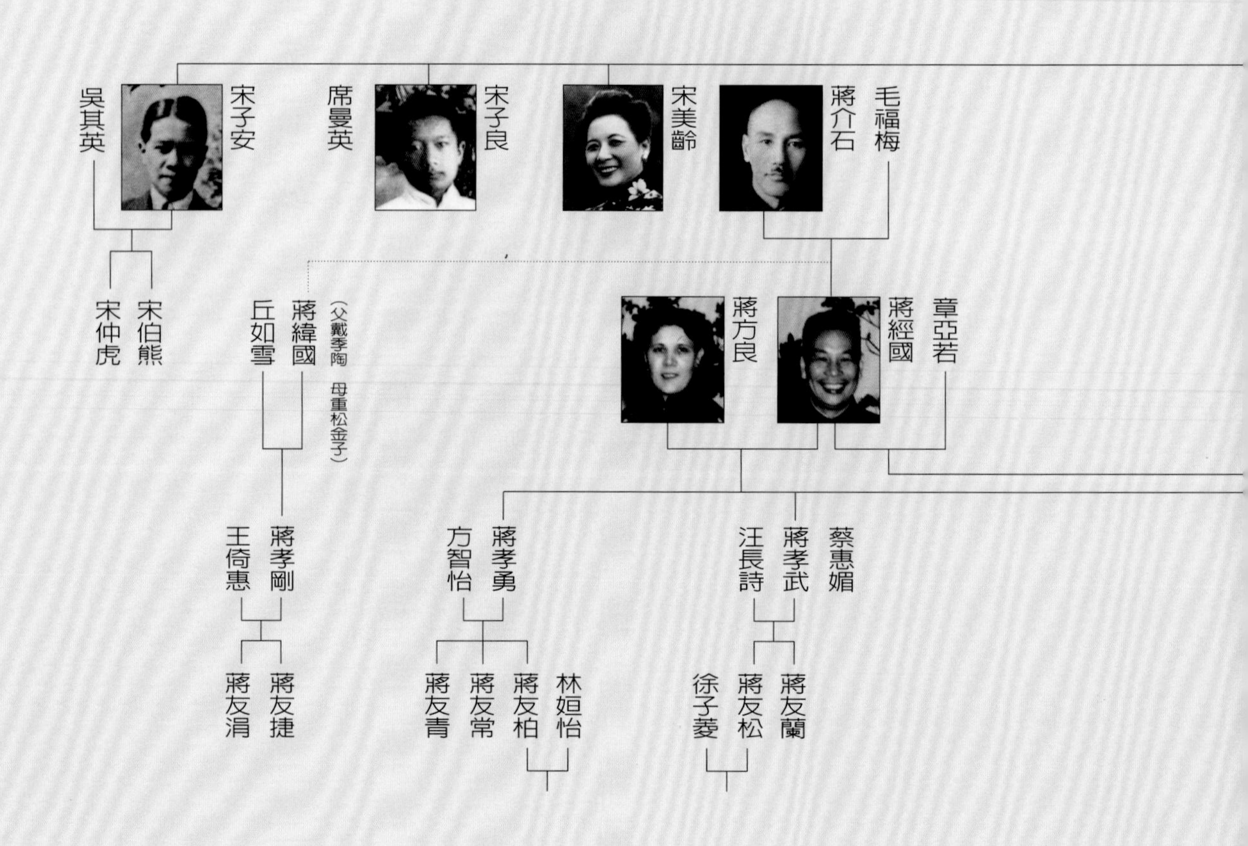

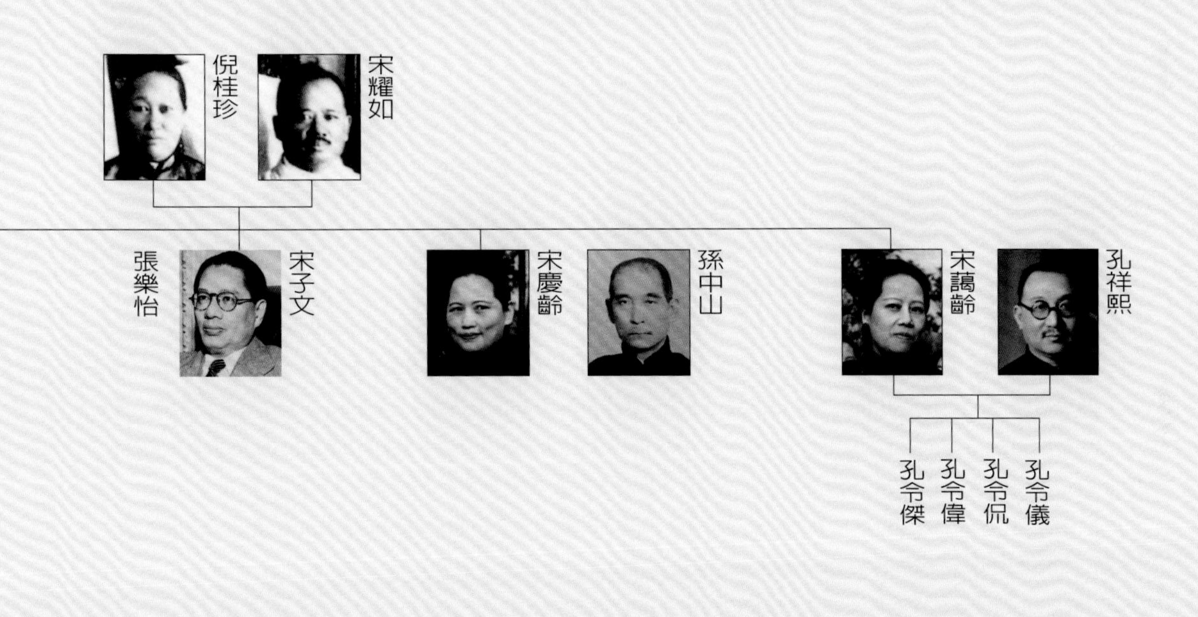
倪桂珍
宋耀如
張樂怡
宋子文
宋慶齡
孫中山
宋靄齡
孔祥熙
孔令傑
孔令偉
孔令侃
孔令儀
俞揚和
蔣孝章
徐乃錦
蔣孝文
趙申德
章孝慈
章孝嚴
黃美倫
俞祖聲
馬逸恩
蔣友梅
章友菊
章勁松
江亭宜
章萬安
章蕙筠
章蕙蘭
李幼喬

宋美齡一九四三年美國國會演說全文

Address of Madame Chiang Kai-shek to the United States Congress on February 18, 1943

MR. PRESIDENT, MR. SPEAKER, AND MEMBERS OF THE CONGRESS OF THE UNITED STATES:

At any time, it would be a privilege for me to address Congress, more especially this present august body which will have so much to do in shaping the destiny of the world. In speaking to Congress I am literally speaking to the American people. The Seventy-seventh Congress, as their representatives, fulfilled the obligations and responsibilities of its trust by declaring war on the aggressors. That part of the duty of the peoples' representatives was discharged in 1941. The task now confronting you is to help win the war and to create and uphold a lasting peace which will justify the sacrifices and sufferings of the victims of aggression.

Before enlarging on this subject, I should like to tell you a little about my long and vividly interesting trip to your country from my own land which has bled and borne unflinchingly the burden of war for more than five-and-a-half years. I shall not dwell, however, upon the part China has played in our united effort to free mankind from brutality and violence. I shall try to convey to you, however imperfectly, the impressions gained during the trip.

Patriotism is to Perform Daily Tasks Faithfully

First of all, I want to assure you that the American people have every right to be proud of their fighting men in so many parts of the world. I am particularly thinking of those of your boys in the far-flung, out-of-the-way stations and areas where life is attended by dreary drabness—this because their duty is not one of spectacular performance and they are not buoyed up by the excitement of battle. They are called upon, day after colorless day, to perform routine duties such as safeguarding defenses and preparing for possible enemy action. It has been said, and I find it true from personal experience, that it is easier to risk one's life on the battlefield than it is to perform customary humble and humdrum duties which, however, are just as necessary to winning the war. Some of your troops are stationed in isolated spots, quite out of reach of ordinary communications. Some of your boys have had to fly hundreds of hours over the sea from an improvised airfield in quests, often disappointingly fruitless, of enemy submarines. They, and others, have to stand the monotony of waiting —just waiting. But, as I told them, true patriotism lies in possessing the morale and physical stamina to perform faithfully and conscientiously the daily tasks so that in the sum total the weakest link is the strongest.

Your soldiers have shown conclusively that they are able stoically to endure homesickness, the glaring dryness, and scorching heat of the tropics, and keep themselves fit and in excellent fighting trim. They are amongst the unsung heroes of this war, and everything possible to lighten their tedium and buoy up their morale should be done. That sacred duty is yours. The American Army is better fed than any army in the world. This does not mean, however, that they can live indefinitely on canned food without having the effects tell on them. These admittedly are the minor hardships of war, especially when we pause to consider that in many parts of the world, starvation prevails. Peculiarly enough, oftentimes it is not the major problems of existence which irk a man's soul; it is rather the pin pricks, especially those incidental to a life of deadly sameness, with tempers frayed out and nervous systems torn to shreds.

The second impression of my trip is that America is not only the cauldron of Democracy, but the incubator of democratic principles. At some of the places I visited, I met the crews of your air bases. These I found first generation Germans, Italians, Frenchmen, Poles, Czechoslovakians, and other nationals. Some of them had accents so thick that, if such a thing were possible, one could not cut them with a butter knife. But there they were—all American, all devoted to the same ideals, all working for the same cause and united by the same high purpose. No suspicion or rivalry existed between them. This increased my belief and faith that devotion to common principles eliminates differences in race, and that identity of ideals is the strongest possible solvent of racial dissimilarities.

American People Build True Pattern of the Nation

I have reached your country, therefore, with no misgivings, but with my belief that the American people are building and carrying out a true pattern of the Nation conceived by your forebears, strengthened and confirmed. You, as representatives of the American people, have before you the glorious opportunity of carrying on the pioneer work of your ancestors, beyond the frontiers of physical and geographical limitations. Their brawn and thews braved undauntedly almost unbelievable hardships to open up a new continent. The modern world lauds them for their vigor and intensity of purpose, and for their accomplishment. You have today before you the immeasurably greater opportunity to implement these same ideals and to help bring about the liberation of man's spirit in every part of the world. In order to accomplish this purpose, we of the United Nations must now so prosecute the war that victory will be ours decisively and with all good speed.

Sun-Tse, the well-known Chinese strategist, said: "In order to win, know thyself and thy enemy." We have also the saying: "It takes little effort to watch the other fellow carry the load."

In spite of these teachings from a wise old past, which are shared by every nation, there has been a tendency to belittle the strength of our opponents.

When Japan thrust total war on China in 1937, military experts of every nation did not give China even a ghost of a chance. But, when Japan failed to bring China cringing to her knees as she vaunted, the world took solace in this phenomenon by declaring that they had over-estimated Japan's military might. Nevertheless, when the greedy flames of war inexorably spread in the Pacific following the perfidious attack on Pearl Harbor, Malaya and lands in and around the China Sea, and one after another of these places fell, the pendulum swung to the other extreme. Doubts and fears lifted their ugly heads and the world began to think that the Japanese were Nietzschean supermen, superior in intellect and physical prowess, a belief which the Gobineaus and the Houston Chamberlains and their apt pupils, the Nazi racists, had propounded about the Nordics.

Again, now the prevailing opinion seems to consider the defeat of the Japanese as of relative unimportance and that Hitler is our first concern. This is not borne out by actual Hitler is our first concern. This is not borne out by actual facts, nor is it to the interests of the United Nations as a whole to allow Japan to continue, not only as a vital potential threat but as a waiting sword of Damocles, ready to descend at a moment's notice.

Let us not forget that Japan in her occupied areas today has greater resources at her command than Germany.

Let us not forget that the longer Japan is left in undisputed possession of these resources, the stronger she must become. Each passing day takes more toll in lives of both Americans and Chinese.

Let us not forget that the Japanese are an intransigeant people.

Let us not forget that during the first four-and-a-half years of total aggression China has borne Japan's sadistic fury unaided and alone.

The Peril of the Japanese Juggernaut Remains

The victories won by the United States Navy at Midway and the Coral Sea are doubtless steps in the right direction－they are merely steps in the right direction－for the magnificent fight that was waged at Guadalcanal during the past six months attests to the fact that the defeat of the forces of evil, though long and arduous, will finally come to pass. For have we not on the side of righteousness and justice staunch Allies in Great Britain, Russian and other brave and indomitable peoples? Meanwhile, the peril of the Japanese juggernaut remains. Japanese military might must be decimated as a fighting force before its threat to civilization is removed.

When the Seventy-seventh Congress declared war against Japan, Germany and Italy, Congress, for the moment, had done its work. It now remains for you, the present representatives of the American people, to point the way to win the war, to help construct a world in which all peoples may henceforth live in harmony and peace.

May I not hope that it is the resolve of Congress to devote itself to the creation of the post-war world? To dedicate itself to the preparation for the brighter future that a stricken world so eagerly awaits?

We of this generation who are privileged to help make a better world for ourselves and for posterity should remember that, while we must not be visionary, we must have vision so that peace should not be punitive in spirit and should not be provincial or nationalistic or even continental in concept, but universal in scope and humanitarian in action, for modern science has so annihilated distance that what affects one people must of necessity affect all other peoples.

International Inter-dependence Now Universally Recognized

The term "hands and feet" is often used in China to signify the relationship between brothers. Since international inter-dependence is now so universally recognized, can we not also say that all nations should become members of one corporate body?

The hundred-sixty years of traditional friendship between our two great peoples, China and America, which has never been marred by misunderstandings, is unsurpassed in the annals of the world. I can also assure you that China is eager and ready to cooperate with you and other peoples to lay a true and lasting foundation for a sane and progressive world society which would make it impossible for any arrogant or predatory neighbor to plunge future generations into another orgy of blood. In the past China has not computed the cost to her manpower in her fight against aggression, although she well realized that manpower is the real wealth of a nation and it takes generations to grow it. She has been soberly conscious of her responsibilities and has not concerned herself with privileges and gains which she might have obtained through compromise of principles. Nor will she demean herself and all she holds dear to the practice of the market place.

We in China, like you, want a better world, not for ourselves alone, but for all mankind, and we must have it. It is not enough, however, to proclaim our ideals or even to be convinced that we have them. In order to preserve, uphold and maintain them, there are times when we should throw all we cherish into our effort to fulfill these ideals even at the risk of failure.

The teachings drawn from our late leader, Dr. Sun Yat-sen, have given our people the fortitude to carry on. From five-and-a-half years of experience we in China are convinced that it is the better part of wisdom not to accept failure ignominiously, but to risk it gloriously. We shall have faith that, at the writing of peace, America and our other gallant Allies will not be obtunded by the mirage of contingent reasons of expediency.

Man's mettle is tested both in adversity and in success. Twice is this true of the soul of a nation.

本書圖片來源

國史館：封面及封底圖片、p.1、p.7、p.14、p.15、p.16、p.17、p.19、p.24（左下）、p.42、p.61、p.63、p.67、p.68、p.77、p.80、p.90（右）、p.93、p.94、p.97、p.100-101、p.105、p.107（黃菁慧翻拍）、p.108、p.116（黃菁慧翻拍）、p.125、p.127、p.128-129、p.130（左）、p.131（左&中）、p.134-135、p.138、p.139、p.140、p.144、p.155、p.156（黃菁慧翻拍）、p.159（右三圖）、p.162、p.167、p.168、p.169、p.170、p.175、p.177、p.178-179、p.180、p.183（右）、p.184、p.190、p.195（黃菁慧翻拍）、p.196（右,陳宗怡翻拍）、p.197（陳宗怡翻拍）、p.198、p.200、p.201、p.203、p.204、p.205（左上、右）、p.206（下）、p.211、p.213、p.214、p.215、p.218、p.219、p.221、p.222、p.226、p.242、p.265、p.269、p.270-271

國民黨黨史館：封底圖片、p.18、p.24（左上、右）、p.40（左）、p.54（左上）、p.98、p.115、p.126（右）、p.152、p.154、p.159（左）、p.165、p.176、p.188、p.205（左下）、p.271（宋耀如、倪桂珍、宋子文）

公共電視：p.20-21（彭玉麗攝）、p.23（彭玉麗攝）、p.26（彭玉麗攝）、p.29、p.32-33（林樂群攝）、p.41（林樂群攝）、p.44-45（林樂群攝）、p.47（林樂群攝）、p.49（林樂群攝）、p.51（林樂群攝）、p.60（彭玉麗攝）、p.66、p.70（彭玉麗攝）、p.72（右）、p.88（洪以真攝）、p.89（洪以真攝）、p.90（左）、p.95（林樂群提供）、p.103（曾文珍攝）、p.104（曾文珍攝）、p.131（右,彭玉麗攝）、p.183（左二圖）、p.192-193（彭玉麗攝）、p.206（上,曾文珍翻拍）、p.208-209（林樂群攝）、p.224（林樂群攝）、p.225（林樂群攝）、p.227（林樂群攝）、p.234、p.240-241（曾文珍攝）

曾文珍：p.151

林蔭庭：p.10、p.11、p.22、p.27、p.30（右）、p.35、p.56、p.58-59、p.62、p.64、p.65、p.71、p.72（左）、p.73、p.82-83、p.120、p.122-123、p.124、p.126（左）、p.130（右）、p.133、p.142、p.143、p.145、p.146、p.148-149、p.153、p.172-173、p.174、p.189、p.194、p.216、p.217、p.223、p.243、p.251、p.252、p.254-255、p.258、p.260

物件（林蔭庭提供，陳宗怡翻拍）：p.40（右）、p.46（左）、p.141、p.164、p.236（程宗明提供）、p.239、p.257、p.263、p.264

美國韋思里安學院（Courtesy of Wesleyan College Archives, Macon,Ga.）：p.25、p.34、p.36、p.37、p.38、p.39

美國衛斯理學院（Courtesy of Wellesley College Archives）：p.28（by Chung Hwa Studio, Shanghai）、p.46（右）、p.48、p.53、p.54（左下by Cosmades, 右上及右下by International News Photo）、p.99、p.157

美國羅斯福總統圖書館（Courtesy of Franklin D. Roosevelt Presidential Library and Museum）：p.84、p.86、p.117

遠見雜誌資料照片：p.30（左，嚴偉達攝）、p.78、p.85、p.132、p.136-137、p.160、p.196（左）、p.228-229、p.231（右上）、p.232、p.235、p.261（黃菁慧攝）、p.262（黃菁慧攝）

李煥：p.231（兩封信）

郝柏村：p.181、p.244

中央社：p.238

中國時報資料照片：p.249（蘇宗顯攝）

法新社：p.250

美術專用圖片：p.112-113

國家圖書館出版品預行編目資料

尋找世紀宋美齡：一個紀錄片工作者的旅程 / 林蔭庭作.
一第一版.一臺北市：天下遠見,2004[民93]
面； 公分.一(社會人文；203)
ISBN 986-417-293-X(平裝)
1. 宋美齡一傳記

782.886 93006833

| 社會人文 203 |

尋找世紀宋美齡

一個紀錄片工作者的旅程

作者／林蔭庭
系列主編／林蔭庭
責任編輯／詹小玫
封面設計．美術編輯／博森視覺emood@pchome.com.tw（特約）
全書照片提供／國史館、公共電視、國民黨黨史館、遠見雜誌、中央社、林蔭庭、美國衛斯理學院、美國韋思里安學院、美國羅斯福總統圖書館、法新社、中國時報、李煥、郝柏村、曾文珍

出版者／天下遠見出版股份有限公司
創辦人／高希均、王力行
遠見．天下文化．事業群 董事長／高希均
事業群總編輯發行人／CEO／王力行
出版事業部總編輯／王力行
版權部經理／張紫蘭
法律顧問／理律法律事務所陳長文律師　　著作權顧問／魏啓翔律師
社 址／台北市104松江路93巷1號二樓
讀者服務專線／（02）2662-0012
傳真／(02）2662-0007；2662-0009
直接郵撥帳號／1326703-6號 天下遠見出版股份有限公司

電腦製版／東豪印刷事業有限公司
印刷廠／吉鋒彩色印刷有限公司
裝訂廠／政春實業有限公司
登記證／局版台業字第2517號
總經銷／大和圖書書報股份有限公司　電話／（02）8990-2588
出版日期／2004年5月31日第一版
2012年8月10日第一版第3次印行
定價380元
ISBN:986-417-293-X
書號:GB203